宮﨑あおい
世界をいただきます
［ヨーロッパ・中東・アフリカ編］

Introduction はじめに

宮﨑あおい

刺繍、編み物、陶芸など、「手を動かしてものを作ること」が好きな私は、料理を作ることも大好きです。だけど、昔は料理にも食べ物にも興味がありませんでした。食べることは生きること、なので、もしかしたら生きることに前向きじゃなかったのかもしれません。

でもある日、自分がふるまった料理を美味しそうに食べてくれた人がいて、「料理ってこんなに人を幸せにするんだ」と気がついたんです。それから料理を作ることが好きになり、食べることも好きになり、日常が変わっていきました。料理って、作る過程も楽しいし、食べている時間も楽しいし、お腹がいっぱいになって「幸せ〜」って気持ちになるのも楽しい。季節が移り変わって、旬の食べ物が変わっていくことも楽しい。夕方になるといつも「さあ今日は何を作ろう?」ってワクワクします。そういう料理の楽しさが日常のすべてに連鎖していき、毎日の生活が豊かになっていったんです。

「もっといろんな料理を作れるようになりたい!」と思ったことがきっかけで始まったのが、世界各国の料理を学ぶ連載「世界をいただきます」でした。レストランにお邪魔して、シェフに教えてもらいながら自分の手で「はじめての料理」を作るのは、すごく楽しかった。パワフルで陽気なシェフや、見とれてしまうほど繊細な包丁使いをするシェフなど、さまざまな出会いがありました。教わった料理を自宅で作って、その国のことを想像したりもしました。ぜひ皆さんにも楽しんでいただけますように。

Index

	004		はじめに

Special

	008		落合務シェフに教わるイタリアン
🇮🇹	012	Dish 01	自家製リコッタチーズとトマトのサラダ
🇮🇹	018	Dish 02	えびときのこのリゾット
	020		落合務＋宮﨑あおい 美味しい料理は誰にでも作れる

世界のレシピ
ヨーロッパ編

🇵🇹	024	Dish 03	ポルトガル｜魚介のカタプラーナ
🇷🇺	028	Dish 04	ロシア｜ボルシチ
🇪🇸	032	Dish 05	スペイン｜はまぐりのパエリア
🇩🇪	036	Dish 06	ドイツ｜ベルリン風ニシンのマリネ
🇮🇹	040	Dish 07	イタリア｜ティラミス
🇫🇷	044	Dish 08	フランス｜ブイヤベース
🇫🇷	048	Dish 09	フランス｜さばとじゃがいものテリーヌ
🇧🇾	052	Dish 10	ベラルーシ｜ドラニキ
🇭🇺	056	Dish 11	ハンガリー｜ロールキャベツ
🇷🇴	060	Dish 12	ルーマニア｜ママリーガとトキトゥーラ

🇬🇧	064	Dish 13	イギリス｜シェパーズパイ
🇮🇹	068	Dish 14	イタリア｜トマトソースのニョッキ
🇫🇷	072	Dish 15	フランス｜スフレ

| 世界のレシピ
中東・アフリカ編

🇹🇷	078	Dish 16	トルコ｜マントゥ
🇮🇷	082	Dish 17	イラン｜ホルシュ・デ・バデンジャン
🇵🇸	086	Dish 18	パレスチナ｜フリーケのスープ
🇱🇧	090	Dish 19	レバノン｜タッブーレ
🇹🇳	094	Dish 20	チュニジア｜チキンと野菜のクスクス
🇪🇬	098	Dish 21	エジプト｜ムサアー
🇪🇹	102	Dish 22	エチオピア｜ドロワット
🇳🇬	106	Dish 23	ナイジェリア｜豆シチューとイドド
🇲🇦	110	Dish 24	モロッコ｜ケフタのタジン
🇲🇬	114	Dish 25	マダガスカル｜エノキソア・プティポワ

Column	118		愛用の器
	127		おわりに

- 本書で使用している計量カップは1カップ200ml、計量スプーンは大さじ15ml、小さじ5mlです。
- 調理器具などは各メーカーの使用説明書をよくお読みのうえ、正しくお使いください。
- オーブンなどの温度や調理時間は目安です。様子を見て加減してください。

Special

落合務シェフに教わるイタリアン

宮﨑あおいが学ぶ世界の料理、まずはイタリアから。"予約が取れない"イタリアン・レストランの代名詞、「ラ・ベットラ・ダ・オチアイ」の落合務シェフに、誰にでも作れる絶品イタリアンのレシピを教わった。

→ かねてから「ラ・ベットラ・ダ・オチアイ」にはしばしば足を運んでいたという宮崎さん。「一度、落合さんにあの美味しい料理の作り方を教わってみたかった」という夢が実現。落合さんと一緒に厨房に立った。

Dish 01
自家製リコッタチーズとトマトのサラダ

作り方 ［所要時間｜約30分］

1 … リコッタチーズを作る。レモンは横半分に切り、搾る。

2 … 鍋に牛乳、1のレモン汁、塩を入れてよく混ぜる。弱めの中火にかけ、沸騰させないように木べらで混ぜながら熱する。

3 … 表面に白いかたまり（リコッタ）が浮き、鍋肌から見える牛乳が透明になったら、火を止める。リコッタを網じゃくしなどでざるに移し、水けをきる。室温で冷ます。

4 … バルサミコ酢を小鍋に入れ、弱火で熱する。混ぜながら1/3の量になるまで煮つめる。

5 … トマトはへたを包丁の先でくりぬく。別の鍋に湯をわかす。へたの側を下にしておたまにのせ、そのまま沸騰した湯に下部だけ3秒つける。おたまをはずし、全体を湯にくぐらせたら、冷水に取り出す。すぐに皮をむき、6〜8等分のくし形切りにする。

6 … 3をざるから取り出し、トマトと同じ大きさに切る。

7 … 器にトマトとチーズを盛りつけ、バジルをのせる。オリーブオイルと4をかけ、粗塩、粗びき黒こしょうをふる。

材料 ［2人分］

リコッタチーズ（作りやすい分量）
牛乳 … 1ℓ
レモン … 1個
塩 … 少々

トマト … 2個
バジル … 適量
バルサミコ酢 … 適量
オリーブオイル … 適量
粗塩、粗びき黒こしょう … 各適量

作り方のポイント
2では沸騰させないことが大切。
表面がときどきぽこっとする程度に。
混ぜるときは静かに。

Italy,
Ricotta cheese
and tomato salad

Dish 02
えびときのこのリゾット

作り方 [所要時間 | 約70分]

1 … えびは背わたを取り、塩少々をふってもむ。

2 … マッシュルームは軸を取り、縦5mm幅に切る。しいたけは軸を取り、かさの茶色い表面をむいて、縦5mm幅に切る。玉ねぎはみじん切りにする。

3 … フライパンにオリーブオイルを入れて中火で熱し、えびを炒める。火が通ったら、軽く油をきっていったん取り出す。

4 … フライパンに残ったオリーブオイルを中火で熱し、えびから出た水分をとばす（はねるので注意）。

5 … 4に玉ねぎを加え、焦がさないように混ぜながら炒める。玉ねぎが透き通ってきたら、米を洗わずに加える。米をあまりいじらないよう、フライパンをゆすり、ときどき耐熱のゴムべらか木べらで混ぜる。全体に油がなじみ、米の色が変わったら、塩ひとつまみを加える。

6 … 水200mlを加え、フライパンをゆすり、ときどき混ぜながら煮つめる。

7 … 水分が半分以上なくなったら、さらに水200mlを加えて熱する。この作業を同様に1〜2回繰り返す（食べてみてアルデンテの少し手前になるように）。

8 … 水分が半分以上なくなったら、しいたけ、マッシュルーム、トマトジュースを入れて混ぜる。塩、粗びき黒こしょう少々を加える。

9 … 3のえびを戻し入れて全体をよく混ぜる。弱火にし、バターを入れて混ぜ、仕上げに粉チーズを加えて、塩、粗びき黒こしょうで味をととのえる。器に盛り、好みでかたまりのパルミジャーノをけずり入れる。あればイタリアンパセリをのせる。

材料 [2人分]

むきえび … 24尾
マッシュルーム … 6個
しいたけ … 4個
玉ねぎ … 1/4個
米 … 120g
トマトジュース（無塩）… 大さじ2
バター（無塩）… 30g
粉チーズ（パルミジャーノ）… 40g
かたまりのパルミジャーノ（好みで）… 適量
オリーブオイル … 大さじ1
塩、粗びき黒こしょう … 各適量
イタリアンパセリ（またはルーコラ、あれば）… 適量

作り方のポイント
米を入れたら、むやみに混ぜないこと。
米が割れると粘り気が出てしまうので、
フライパンをゆすったり、軽く混ぜるようにする。

Italy.
Risotto with shrimp and mushrooms

落合

料理は音が大事です。
常に耳を澄ませて
おくことが必要です。

Dialogue
落合務＋宮﨑あおい
美味しい料理は誰にでも作れる

宮﨑｜リコッタチーズがこんなに簡単に作れるとは思っていなかったので、びっくりしました。
落合｜普通、カプレーゼにはモッツァレラチーズを使いますが、たとえば家でもてなしの料理として出すときなどに、手作りしたリコッタを使えばきっと驚いてもらえると思いますよ。牛乳とレモンがあれば誰でも作れるから、イタリア人はみんな家で作っちゃうんです。
宮﨑｜トマトとの相性も抜群で、本当に美味しかったです。バルサミコ酢もポイントですね。
落合｜市販のバルサミコ酢は、今日やったように、三分の一の量になるまで弱火で煮詰めて使うといいですよ。
宮﨑｜やってみます。他に美味しく作るコツはありますか？

落合｜リコッタさえ気に入った味になればいいと思います。牛乳1リットルに生クリームを200㏄ぐらい入れるとコクのあるリコッタになるし、レモンの代わりにお酢でも作れるので、リンゴ酢とか、いろんなお酢を使ってみても面白いですよ。その都度リコッタの香りが変わります。
宮﨑｜それも美味しそうですね。
落合｜火加減によって口当たりも変わりますから、「今回はやわらかいな」とか「今回はぼそぼそするな」とか、実験しながら作ってみてくださいね。
宮﨑｜火加減はやはり大事ですか？
落合｜とても大事です。「ここで弱火にする」と言われても、どれぐらいの弱火にすればいいのかは、なかなか難しいですよね。日々勉強です。
宮﨑｜早く家で作ってみたいです！ リゾットのほう

も本当に美味しかったです。最後に入れたチーズが濃厚で、口に入れた瞬間、口の中が幸せになりました（笑）。
落合｜まさに宮﨑さんのおっしゃる通りで、リゾットは最後に入れたパルミジャーノチーズで決まるんですよ。
宮﨑｜やっぱり、チーズはたっぷり入れたほうが美味しいんですね。
落合｜はい、たっぷり使ってください。1人前に12〜15グラムは使いましょう。和食でも「追い鰹」のときに「えー、そんなに鰹節を入れるの？」と思うくらい入れるでしょう？ リゾットの場合は「追いパルミジャーノ」ですけどね（笑）。
宮﨑｜（笑）。リゾットを美味しく作るときの一番のコツはなんですか？

落合｜これは料理全般に言えることだけど、なによりも下味が大事。塩も控えめにしすぎるとボケた味になっちゃうから、しっかりと味付けすることが美味しさの秘訣です。

宮﨑｜塩を入れるときに臆病になっちゃいけないんですね。

落合｜そして、料理は音が大事です。パチパチとか、ジュージューとか、どんな音がしているか、常に耳を澄ませておくことが必要です。

宮﨑｜香りはもちろん、音も大切なんですね。家で作るときに使うバターは何がいいですか？

落合｜本当は無塩バターがいいんですけど、普通のバターを使う場合は、その前に入れる塩をちょっと加減すればいいんです。米も、普通は生の米を洗わないで使いますが、家庭では残ったご飯を洗って使ってもいいんですよ。

宮﨑｜そうなんですね。

落合｜その場合は、アルデンテではなく違う食感のリゾットになりますけど、それはそれで美味しいですよ。

宮﨑｜なるほど。自由でいいんですね。他にも、おススメのアレンジ方法があれば教えてください。

落合｜今日は具としてえびときのこを入れましたけど、それを使わないで、最初に玉ねぎを炒めながらお米を入れて、その後にじわじわとお水を入れて、塩、こしょうをして、仕上げにパルミジャーノチーズを入れると、パルミジャーノのリゾットになります。具が何もなくて、パルミジャーノしか入っていませんが、これはこれでさっぱりしていてうまいんです。リゾットの基本でもありますね。

宮﨑｜美味しそう！　それは、玉ねぎから出汁みたいなものが出るということなんですか？

落合｜そうです。ソフリットと言って玉ねぎ、にんじん、セロリをよく切って炒め、煮込みのもとにするイタリアンの基本があるんですが、リゾットの場合は玉ねぎだけのソフリットになります。もともとリゾットはお好きなんですか？

宮﨑｜落合さんのお店に行くときもそうですが、イタリアンのお店でリゾットを頼むことが多いので、一度家で作ってみたかったんです。家で作るのは難しい料理だという印象があったんですけど、落合さん

> 宮﨑
> **塩を入れるときに臆病になっちゃいけないんですね。**

が教えてくれた通りにやってみて、「あ、作れるかもしれない」と思いました。

落合｜そうそう、美味しい料理は誰にでも作れるんですよ。今日はよく切れる包丁を使ったくらいで（笑）それ以外は特別な食材は使っていないですし、特殊なことは何もやっていないですからね。

宮﨑｜確かにそうですね。

落合｜お店でも、特別な食材ばかりを使っているわけじゃありません。魚や肉にしても、それぞれに魚の美味しい焼き方、お肉の美味しい焼き方があって、スーパーで買ってきたものも焼き方次第で美味しくなるんです。そういうことをみんなが勉強してくれればいいですね。

宮﨑｜そうですね。誰かに教えていただいたり、料理の本を読んだりすると、「なるほど、こう作ればいいんだ」と気がつくことが多いです。

落合｜たとえば「鶏の胸肉はパサパサしていて嫌いだわ」とか言われると、それは調理の仕方が悪いんだよ、と思っちゃう（笑）。美味しく料理してあげないと、食材がかわいそうですからね。

宮﨑｜ちなみに、落合さんがお店でお料理を作っているときに一番心がけていることはなんですか？

落合｜やはり、お客様の笑顔です。帰りがけのお客様が笑顔かどうか、それが一番大事。そうでないと、二度三度と私の店に戻ってきてくれないでしょうから。

宮﨑｜私も、落合さんのお店から帰るときは、いつもニコニコです。

落合｜ありがとうございます。

宮﨑｜今日はすごく楽しかったです。お店ではなかなかゆっくりとお話をする機会がなかったので、今日はいろんなことを教えていただきながら料理することができて嬉しかったです。ありがとうございました。

落合｜こちらこそ。今度はスパゲッティを一緒に作りましょう。

宮﨑｜嬉しい。ぜひ、よろしくお願いします！

Info

シェフ｜落合務さん

1947年東京都生まれ。
イタリアンレストラン「ラ・ベットラ・ダ・オチアイ」のオーナーシェフ。97年にオープンした同店は「予約の取れない店」の代名詞的存在に。日本でのイタリア料理ブームを牽引した、イタリアンの第一人者。

お店｜ラ・ベットラ・ダ・オチアイ（銀座本店）

住所｜東京都中央区銀座1-21-2
TEL｜03-3567-5656
営業時間｜11:30-14:00LO　火-金 18:30-21:30LO
土・祝 18:00-21:30LO　日・月休
ランチ・ディナーともに電話にて要予約。
他にドルチェ・ラ・ベットラ（銀座）、池袋店、名古屋店がある。

世界のレシピ
ヨーロッパ編
Europe

ポルトガル｜魚介のカタプラーナ
ロシア｜ボルシチ
スペイン｜はまぐりのパエリア
ドイツ｜ベルリン風ニシンのマリネ
イタリア｜ティラミス
フランス｜ブイヤベース
フランス｜さばとじゃがいものテリーヌ
ベラルーシ｜ドラニキ
ハンガリー｜ロールキャベツ
ルーマニア｜ママリーガとトキトゥーラ
イギリス｜シェパーズパイ
イタリア｜トマトソースのニョッキ
フランス｜スフレ

Dish 03 ［ヨーロッパ編］｜ポルトガル
魚介のカタプラーナ

魚介のカタプラーナとは？
カタプラーナ鍋という専用の銅鍋を使ったポルトガル南部の家庭料理。
魚介類が基本の具材となり、家庭によっては腸詰を入れることも。

作り方 [所要時間｜約180分]

1 … 魚介ソースを作る。えびの頭と殻をむく。鍋に水500mlを入れ、頭と殻を加えて5分ほどゆでる。ゆで汁と頭・殻に分ける（残った身は別の料理に）。

2 … にんにくは包丁の腹でつぶす。玉ねぎは皮ごと縦薄切りにする。にんじんは皮ごと1cm厚さの輪切りにする。ねぎは青い部分まですべて小口切りにする。

3 … 鍋にオリーブオイルを入れて中火で熱し、にんにくと**1**の頭・殻を加えて炒める。油が全体にまわったら、にんじん、玉ねぎ、ねぎ、白ワイン、ホールトマト缶、**1**のゆで汁を入れ、全体を混ぜる。弱めの中火で、途中アクを取り除きながら2時間ほど煮つめる。

4 … えびは頭と尾を残して殻をむき、背わたを取り除く。白身魚は食べやすい大きさに切る。あさりは砂出しし、流水でよく洗う。ムール貝はよく洗い、足糸を取る。いかは皮をむき、1cm厚さの輪切りにする。

5 … 玉ねぎは横薄切りにする。ピーマンとパプリカは縦1cm幅に切る。にんにくはみじん切りにする。ベーコンは1cm幅に切る。

6 … **3**のソースをブレンダーにかけ、こす。再び中火で熱し、バターを加えてひと煮立ちさせる。コリアンダーはみじん切りにする。

7 … 銅製か鋳物ホーロー製の鍋を使う。**5**の野菜の半量とベーコン、チョリソー、ローリエを入れる。**4**を重ね入れる。**5**の野菜の残りをのせる。オリーブオイルをまわしかけ、**6**のソースをひたひたになるまで加える（残りのソースは冷蔵庫で1週間ほど保存可能）。

8 … 蓋をして、中火で5〜10分煮る。全体を混ぜ、塩、こしょうで味をととのえ、コリアンダーを散らす。

材料 [2人分]

魚介ソース（作りやすい分量）
えび（有頭・殻つき）… 10尾
玉ねぎ … 1個
にんじん … 1/2本
長ねぎ（青い部分）… 1/2本
ホールトマト缶 … 150g
にんにく … 2片
バター … 60g
オリーブオイル … 大さじ1と1/2
白ワイン … 100ml

えび（有頭・殻つき）… 4尾
白身魚（鱈、すずきなど）… 1切れ
あさり … 2個
ムール貝（なければはまぐりなど）… 3個
いか（胴）… 1/2ぱい
玉ねぎ … 1/2個
ピーマン … 1個
赤パプリカ … 1/2個
にんにく … 1片
ベーコン … 1枚
コリアンダー … 好みの量
チョリソーの薄い小口切り … 2枚
ローリエ … 1枚
オリーブオイル … 大さじ1
塩 … 少々
白こしょう … 少々

作り方のポイント
1で残ったえびの身は、**7**で残ったソースと一緒に炒めものやパスタにアレンジが可能。

Portugal,
Seafood cataplana

宮﨑

ちょっと火を入れただけで香りがしっかり出る。えびの出汁がすごく美味しいです。

―― カタプラーナを作りたいと思ったきっかけは？
宮﨑｜以前、ポルトガルに行ったときに毎日食べていたんです。お店によっていろんな味があったけど、今日作った鍋もすごく美味しかったですね。
―― 作ってみて何か発見はありましたか？
宮﨑｜えびってやっぱりすごいなあって思いました。ちょっと火を入れただけで香りがしっかり出るし、長時間煮込むと出汁が出るから、家で作っても絶対に美味しくなりますよね。パンにつけてもいいし、スープで雑炊も作れるとお聞きしたので、家でゆっくり挑戦したいです。
―― その魚介雑炊はアロス・デ・マリスコスという料理だそうです。ポルトガルという国の印象は？
宮﨑｜すごく好きでした。昔からタイルやモザイクアートを作ってみたいと思っていたんですけど、アズレージョというタイルが街のいたるところにあるんですよ。古い建物がそのまま残っていたり、路面電車が走っていたりして、お散歩するだけで楽しいし。人の印象も「ハーイ！」ってオープンな感じじゃないけれど、心を開くと仲良くなれるという雰囲気で、日本人っぽい感じがしました。あと、可愛い女の子がたくさんいました！ 海外に行って可愛い女の子がいると嬉しくなるので、ずーっとニヤニヤしながら眺めていました（笑）。
―― 幸せな時間ですね（笑）。
宮﨑｜有名なエッグタルトも毎日食べていたし、半生のカステラみたいなお菓子パン・デ・ローも美味しくって。この連載が始まってから、海外に行くと「この国の美味しいものを探さなきゃ」と思いながらご飯を食べるようになったんですよね。

Info

シェフ｜ルーベンさん
お店｜マヌエル渋谷店
住所｜東京都渋谷区松濤 1-25-6
TEL｜03-5738-0125
営業時間｜月・水・土・日 11:30-15:00 18:00-23:00
木・金 18:00-23:00 無休
海や山の素材の持ち味を生かしたポルトガル家庭料理が楽しめる。

ポルトガル｜魚介のカタプラーナ

Dish 04 ［ヨーロッパ編］｜ロシア

ボルシチ

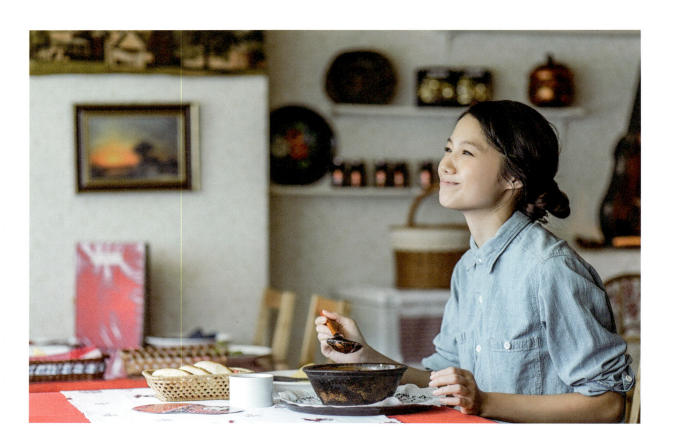

ボルシチとは？
ビーツという野菜を煮込んで作る深紅のスープ。
ロシアで広く食べられているが、元はウクライナ料理。

作り方 [所要時間｜約130分]

1 … 大きな鍋に水2ℓを入れ、豚肉、牛肉を加えて強火で熱する。沸騰したら弱火にし、1時間半ほど煮込む。

2 … ビーツ、じゃがいも、キャベツ、にんじんは細切りにする。玉ねぎは粗いみじん切りにする。フェンネルは根と葉をみじん切りにする。

3 … フライパンにサラダ油大さじ1を入れ、ビーツを加えて弱火で炒め、水100mlを加えて蓋をして30分ほど蒸し煮にする。砂糖、酢を加えて混ぜて煮汁ごといったん取り出す。フライパンをさっと洗い、サラダ油大さじ1を入れて、にんじん、玉ねぎをしんなりするまで炒める。

4 … 1の煮汁を1ℓほど取りおき、肉は食べやすい大きさに切る。別の鍋に煮汁を入れ、じゃがいもを加えて、中火で煮る。煮立ったら、キャベツとローリエ1枚を入れて15分ほど煮る。

5 … にんじん、玉ねぎを加え、さらに10分ほど煮る。ビーツを煮汁ごと加えて全体を混ぜてさっと煮る。フェンネル、ローリエ1枚を加えて混ぜ、塩、こしょうで味をととのえる。

6 … 器に5を入れ、4の肉をのせ、サワークリームをまわしかける。好みで小口切りにしたわけぎを加える。

材料 [4～6人分]

豚かたまり肉（肩ロースまたはロース）… 200g
牛かたまり肉（ももまたはランプ）… 200g
赤ビーツ … 1個（約300g）
じゃがいも … 2個
キャベツ … 1/2個
にんじん … 1/2本
玉ねぎ … 1/2個
フェンネル（ういきょう、なければフェンネルパウダー）… 1/2個
ローリエ … 2枚
砂糖 … 大さじ2
酢 … 大さじ5
塩、こしょう … 各適量
サラダ油 … 大さじ2
サワークリーム … 適量
わけぎ（好みで）… 適量

作り方のポイント
フェンネルはみじん切り後、
ポリ袋に入れてめん棒などでたたくと香りが出る。
生のフェンネルがなければ、
フェンネルパウダー小さじ1でも代用可能。

Russia, Borscht

Info
シェフ｜イリーナさん
お店｜ロシア料理レストラン スカズカ SKAZKA
住所｜東京都墨田区江東橋 4-19-12 近代ビル 2F
TEL｜03-3632-5772
営業時間｜17:00-24:00　日休
ロシアの雰囲気を忠実に再現した店内で本格ロシア料理が味わえる。

宮崎

ボルシチは
どんなときに
食べるんですか？

宮崎｜今日は、今までで一番和気あいあいとお料理を作った気がするくらい、すごく楽しく教えていただきました。
シェフ｜ロシアの人って、明るい人が多いんですよ。生徒としての宮崎さんは、「よくできました」（笑）。
宮崎｜ありがとうございます（笑）。以前食べたことがあるボルシチは、野菜が大きくてゴロゴロしていたんですけど、教えていただいたレシピではすごく細かく刻まれていましたね。
シェフ｜ロシアでは、具がゴロゴロしているボルシチは見たことがないです。
宮崎｜上にのっているサワークリームも美味しいし、最後にハーブを入れたことで、すごく味が膨らむんですね。キャベツもいっぱい入っていて、すごく美味しかったです。
シェフ｜ロシア料理ではキャベツをたくさん使うんです。ボルシチにビーツを入れなければ、「シチ」というキャベツのスープになりますよ。
宮崎｜なるほど。一緒にいただいたピロシキにも、キャベツがたっぷり入っていましたね。ロシアでは、ボルシチをどんなときに食べるんですか？
シェフ｜お昼ご飯に食べることが多いです。ロシア人はスープをよく食べるので、「じゃがいもとチキンとにんじんのスープ」とか、森できのこをとってきてスープにしたりもします。スープは2、3日たってからのほうが美味しいから、たくさん作って毎日食べるんです。
宮崎｜寝かせたほうが美味しいのは、カレーに似ていますね。私が家でボルシチを作るときも、たくさん作って、パンと一緒に食べたいです。

シェフ

**ロシア人はお昼に食べることが多いです。
作りたてより、2、3日寝かせたほうが
美味しくなりますよ。**

Dish 05 ［ヨーロッパ編］｜スペイン

はまぐりのパエリア

パエリアとは？
スペイン東部にあるバレンシア地方を代表する米料理。
米と野菜、魚介類、肉などを炊き込んで作る。

作り方 [所要時間｜約60分]

1 … はまぐりは砂出しする。小鍋に**A**の水とスープの素を入れ、ひと煮立ちさせる。

2 … ピーマン、にんにく、玉ねぎ、パセリはみじん切りにする。レモンはくし形に切る。

3 … パエリアパン（なければフライパン）にオリーブオイルを入れて中火で熱し、ピーマン、玉ねぎ、にんにくを入れて炒める。玉ねぎが透明になったらはまぐり（スープは取りおく）を加える。白ワインをまわしかけ、アルコール分をとばす。**1**のスープをはまぐりがひたひたになるまで入れ（残ったスープは取りおく）、ひと煮立ちさせる。

4 … はまぐりの口があいたら、バットなどにいったん取り出す。米を洗わずに加え、**1**のスープの残りと塩を入れ、強火にし、ゆっくりかき混ぜながら5分ほど炊く。中火にし、途中スープがなくなったら足して（スープが足りなければ水でもよい）、混ぜながらさらに10分ほど炊く。

5 … 弱火にし、米が好みのかたさになるまで、スープか水を足しながら、さらに5分ほど炊く。

6 … **4**のはまぐりを戻し入れる。強火で1分ほど熱し、おこげを作る。パセリを散らし、レモンを添える。

材料 [2〜3人分]

はまぐり（なければあさり）… 300g
ピーマン … 2個
玉ねぎ … 1/2個
にんにく … 1片
米 … 1合

A
洋風スープの素（固形）… 1個
水 … 600ml

白ワイン … 50ml
オリーブオイル … 大さじ3
塩 … 小さじ1/2
レモン … 適量
イタリアンパセリ … 適量

作り方のポイント
5で米の芯が残っていたら、スープか水を加えながら調整する。塩加減も、味をみながら調節する。

Spain, Paella of clams

Info

シェフ｜ガストンさん
お店｜ラ・コシーナ・デ・ガストン
住所｜東京都中央区日本橋堀留町1-5-12
TEL｜03-6661-6375
営業時間｜水－金 12:00－13:45（予約のみ）
月－土 17:00－23:00　日休

20年以上のキャリアを誇るオーナーシェフが作る本場のスペイン料理が味わえる。

宮﨑
パエリアパンで出したら、みんなに喜んでもらえそうですね。

宮﨑｜はまぐりのパエリアははじめて食べました。シンプルでとっても美味しかったです。
シェフ｜スペインでは魚介のパエリアとうさぎのパエリアを食べることが多いです。かわいそうだから僕はうさぎは食べられないけど（笑）。はまぐりのパエリアは軽くて食べやすいから、お店では冬のメニューに入れています。日本人の口にも合うと思います。
宮﨑｜スペインではどんなときに食べるんですか？
シェフ｜家庭料理だから、レストランで食べるというより、自分の家で作ります。日本のすき焼きみたいなもので、家庭によってそれぞれの味がある。
宮﨑｜家で作るときのコツは？
シェフ｜いいオリーブオイルと、フレッシュなはまぐりを用意すること。あとは「気持ち」。
宮﨑｜一番大事なものですね（笑）。自宅でのおもてなしのときにパエリアパンで出したら、みんなに喜んでもらえそうですよね。
シェフ｜フライパンでも十分に代用できますが、パエリアパンを買うなら大きめのものを買ったほうが作りやすいですよ。お米を薄く敷いたほうが美味しくなるので、小さいものだと難しい。浅草の合羽橋で買えます。
宮﨑｜まずはパエリアパンをゲットしようと思います。
シェフ｜出汁をいっぱい入れて、お茶漬けみたいにして食べるのもおススメです。僕は風邪を引いたときや二日酔いのときによく食べます。
宮﨑｜わー、それも美味しそう！

シェフ
お米を薄く敷いたほうが美味しくなるので、大きめのパエリアパンで作るといいですよ。

スペイン｜はまぐりのパエリア 035

Dish 06 ［ヨーロッパ編］｜ドイツ

ベルリン風ニシンのマリネ

ニシンのマリネとは？
バルト海でよくとれるニシンを使った、北ドイツ地方の郷土料理。
ビールのお供としても定番。

作り方 [所要時間｜約60分＋ねかせる時間一晩]

1 … ニシンを3枚おろしにする。まず、包丁の刃先で尾から頭に向かってこすり、うろこを取る。胸びれのつけ根に包丁を入れ、頭を切り落とす。腹を手前にし、腹に頭のほうから肛門まで切り込みを入れて、わた（内臓）を取り出す。流水で、残ったわたや血を洗い流す。ペーパータオルで水けをしっかり拭き取る。

2 … 腹を手前にして置き、上の身を少し持ち上げ、中骨に沿って頭のほうから包丁を寝かせて差し入れ、中骨に刃を当てながら尾に向かって切り、中骨の上についている身を切り離す。

3 … 裏返し、背を手前にして置き、頭のほうから包丁を寝かせて差し入れ、中骨に刃を当てながら尾に向かって切り、中骨の上についている身を切り離す。身を上にして置き、腹側のくぼんだ部分に中骨側から包丁を寝かせて差し入れ、薄くそぐようにして腹骨をそぎ取る。

4 … バットに2と3の身を並べ、塩、こしょうを全体にまぶす。強力粉を薄くまぶしつける。

5 … フライパンにサラダ油とバターを入れて中火で熱し、4を皮目を下にして入れる。2分ほど焼いたら返し、さらに1分ほど焼く。全体がきつね色になったら網に置いて粗熱をとる。

6 … 玉ねぎを縦薄切りにする。小鍋を中火で熱し、玉ねぎを炒め、半透明になったら、マリネ液の材料と水180mlを加える。沸騰したら弱火にし、アクが出たら取り除きながら10分ほど煮る。

7 … 5を別のバットに移し、6のマリネ液を熱いうちにかける。室温で冷ましてから、ラップをかけ冷蔵庫に入れて一晩ねかせる。

8 … 食べやすい大きさに切り、あればベビーリーフなどと一緒に盛る。バルサミコ酢、オリーブオイル、ピンクペッパーを好みの量かける。

材料 [4人分]

ニシン … 3尾
玉ねぎ … 1/4個
強力粉 … 適量
バター … 20g
サラダ油 … 大さじ5
塩 … ふたつまみ
こしょう … 少々

マリネ液
白ワインビネガー … 大さじ3
ローリエ … 2枚
コリアンダーシード … 小さじ1
ジュニパーベリー（あれば）… 小さじ1

バルサミコ酢 … 適量
オリーブオイル … 適量
ピンクペッパー … 適量
ベビーリーフ（あれば）… 適量

作り方のポイント
3枚おろしが難しければ、魚店で頼むこともできる。切り身で作ってもよい。

Germany.
Marinated herring

Info
シェフ｜小川亮司さん
お店｜ツム ビアホフ渋谷
住所｜東京都渋谷区宇田川町13-8 ちとせ会館4F
TEL｜03-5459-1598
営業時間｜月-木 17:00-26:00 金 17:00-28:00
土 15:00-28:00 日祝 15:00-22:30 無休
店内はドイツにある世界最大のビアホール「ホフブロイハウス」を再現。名物は「ホフブロイ」の生ビール。

宮﨑
マリネ液に漬けてからどのくらいが食べごろですか?

宮﨑｜ニシンのマリネは、ドイツでは有名な料理なんですか?
シェフ｜バルト海のニシンを使った料理なので、ベルリンなど北ドイツでポピュラーですね。
宮﨑｜家庭でもよく作られますか?
シェフ｜定番料理です。レシピが代々受け継がれているので、家によって味も違います。お店では一度ムニエルにしてからマリネ液に漬けますが、そのまま漬けても大丈夫。ニシンがなければ、あじやさんまでも美味しいですよ。

宮﨑｜酸っぱい味が大好きなので、とても美味しかったです。
シェフ｜日本でいう南蛮漬けに近い料理かもしれません。ドイツにはじゃがいもや肉を使った重い料理が多いので、酢漬けの料理もたくさんあるんですよ。酢の酸味で口をさっぱりさせるんです。
宮﨑｜マリネ液に漬けてから、どのくらいが食べごろですか?
シェフ｜1日から1週間ほどで食べるのがいいですね。どんどん味がなじんで小骨もやわらかくなります。

宮﨑｜今日は漬けてからねかせていないマリネもいただきましたが、これはこれで香ばしくて好きな味でした。家庭で作るときのコツはありますか?
シェフ｜ムニエルにするときに、皮のほうを下にしてしっかり焼くこと。ひっくり返した身のほうに火を通すのは少しで大丈夫です。身を焼きすぎるとパサついてしまいますから。
宮﨑｜皮から焼くことで、身がふっくらして美味しくなるんですね。魚の3枚おろしも教えていただいたので、早速家で作ってみたいです。

シェフ
1日から1週間ほどで食べるのがいいですね。どんどん味がなじんで小骨もやわらかくなります。

Dish 07 ［ヨーロッパ編］｜**イタリア**

ティラミス

ティラミスとは？
コーヒーを染み込ませたスポンジケーキと
マスカルポーネチーズを層にした、北イタリア発祥のデザート。

作り方 [所要時間｜約40分＋冷やす時間約60分]

1 … マスカルポーネチーズは室温に戻しておく。コーヒーはボウルに入れる。スポンジケーキは1cm厚さに切る。盛りつけるグラスや器でくりぬく（くりぬいた端の部分もとっておく）。

2 … 別のボウルに卵黄とグラニュー糖30g、塩を入れ、白っぽくなるまで泡立て器でよく混ぜる。チーズを加えて、ハンドミキサーか泡立て器で八分立て（泡立て器ですくうとぽったりと落ち、つのが立っておじぎするくらいの状態）にする。

3 … メレンゲを作る。別のボウルに卵白を入れてハンドミキサーか泡立て器で泡立てる。卵白がほぐれたら、グラニュー糖を加える。ハンドミキサーか泡立て器を持ち上げてピンとつのが立つまで泡立てる。2に加えて、ゴムべらで切るようにさっくりと混ぜ合わせる。

4 … グラスに3の1/12量を入れて平らにならす。1のスポンジケーキをコーヒーに浸し、上にのせる（器に合う大きさがなければ、くりぬいた端をすき間なく敷き詰める）。さらに3の1/12量をのせて平らにならす。スポンジケーキをコーヒーに浸し、上にのせる。3の1/12量をのせて平らにならす。残りも同じようにつくり、ラップをかけて冷蔵庫で1時間ほど冷やす。

5 … 食べる直前にココアパウダーを茶こしを通して表面にふる。

材料 [4人分]

マスカルポーネチーズ … 120g
市販のスポンジケーキ（直径18cm）… 1台
コーヒー … 120ml
グラニュー糖 … 30g
卵黄 … 2個分
塩 … 少々

メレンゲ
卵白 … 1個分
グラニュー糖 … 10g

ココアパウダー … 適量

作り方のポイント
市販のスポンジケーキはカステラでも代用可。
その場合、砂糖の量を減らすとよい。

Italy, Tiramisu

Info

シェフ｜ステファノさん
お店｜リストランテ・ステファノ
住所｜東京都新宿区神楽坂6-47 照井ビル1F
TEL｜03-5228-7515
営業時間｜11:30–15:00 18:00–23:30 火休・水ランチ休

イタリア・ヴェネト州出身のシェフによる北イタリア料理を楽しめる。

宮﨑
ティラミスって こんなに シンプルな工程で 作れるんですね。

シェフ｜イタリアの子どもはみんなティラミスが大好き。僕の母もよく作ってくれました。
宮﨑｜私も昔から大好きですが、こんなにシンプルな工程で作れることに驚きました。とても簡単なんですね。
シェフ｜材料も少ないし、すぐ作れちゃうんです。ほとんどの工程が「ホイップ」ですけどね（笑）。
宮﨑｜混ぜるのは大変だったけど、マスカルポーネチーズやメレンゲがどんどん変化していくのがわかって楽しかったです。見た目がツヤツヤしてきたり、重さが変わっていったりして。
シェフ｜その変化を感じることが大事です。マスカルポーネをしっかりホイップすることと、スポンジにしっかりコーヒーを染み込ませるのがポイント。スポンジの色が残っているようだとパサパサしてしまいますよ。
宮﨑｜グラスごとに層の模様が自然と変わる。見た目にも楽しいです。
シェフ｜コーヒーカップに入れてもいいし、バットで作ってお皿に盛りつけてもいいですね。
宮﨑｜友達をおもてなしするときに、ティラミスが出せたら素敵ですよね。
シェフ｜冷蔵庫で1日寝かせておいて、次の日のパーティーで出しても大丈夫。寝かせる時間やコーヒーの苦さを変えると味がいろいろと変化します。
宮﨑｜コーヒーの苦みが強いティラミスも美味しそう！
シェフ｜コーヒーの代わりにフレッシュなイチゴを水でのばして、イチゴのティラミスを作るのもいいですね。
宮﨑｜いろんな味が楽しめますね。

シェフ
材料も少ないし、すぐ作れちゃうんです。 特にマスカルポーネチーズを しっかりホイップすることがポイントです。

イタリア｜ティラミス

Dish 08 ［ヨーロッパ編］｜フランス

ブイヤベース

ブイヤベースとは？
魚介類や甲殻類などさまざまな海鮮をスープで煮込んだ
南フランスを代表する鍋料理。

作り方 [所要時間｜約150分]

1 … 白身魚は、鮮魚店などで身とあらに分けてさばいてもらう（もしくは、自分でさばくか、切り身とあらを買ってもよい）。身は食べやすい大きさに切る。

2 … 魚の身は、塩、こしょうを全体にまぶす。殻つきのえびは、半量の殻をむく。残り半量は足だけを取る。殻や足はとっておく。ムール貝は殻どうしをこすり合わせて洗う。

3 … にんじん、玉ねぎ、長ねぎ、セロリ、トマト、じゃがいもは一口大に切る。にんにくは皮つきのまま横に切る。

4 … 鍋にバターとオリーブオイルを入れて中火で熱する。にんにくを入れて香りが出たら、魚のあらと2のえびの殻と足、にんじん、玉ねぎ、長ねぎ、セロリ、トマト、じゃがいもを加える。油がまわったら、白ワイン、トマト缶を缶汁ごと入れて30秒ほど強火にして混ぜる。ひたひたになるまで水を入れ、ブーケガルニ、クローブ、サフランを加える。沸騰したら弱火にし、アクをすくい取りながら、2時間ほど煮る（水が減ったら、少しずつ加えてひたひたの状態を保つ）。

5 … 4をこして、別の鍋に入れる。白身魚、手長えび、えび、ムール貝、帆立て貝柱を入れ、蓋をして中火で15分ほど煮る。ムール貝の口が開いたら、塩、こしょうで味をととのえる。器に盛り、パセリをのせる。

材料 [5〜6人分]

白身魚（鯛、すずきなど）… 600g
えび（殻つき）… 20尾
ムール貝 … 10個
手長えび … 5尾
帆立て貝柱 … 10個

スープ

にんじん … 2本
玉ねぎ … 2個
長ねぎ（あればポロねぎ）… 1本
セロリ … 2本
トマト … 1個
じゃがいも … 2個
にんにく … 3片
ホールトマト缶 … 500g
白ワイン … 300ml
ブーケガルニ（あれば）… 1束
クローブ（ホール）… 5粒
サフラン … ひとつまみ
オリーブオイル … 大さじ5
バター … 100g

塩、こしょう … 各適量
パセリ … 適量

作り方のポイント
ルイユ（にんにく入りマヨネーズ）とバゲットと一緒に食べるとより美味しい。

France, bouillabaisse

Info

シェフ｜平林良記さん
お店｜ル・クロ・モンマルトル
住所｜東京都新宿区神楽坂2-12 Ryo1 神楽坂1F
TEL｜03-5228-6478
営業時間｜11:30-14:00 18:00-21:30 日休

日本風にアレンジされていないオーソドックスなフランス料理とワインが自慢の、街のビストロ。

宮﨑
ブイヤベースは一度作ったことがありますが、コクがあまり出なくて。

宮﨑｜ブイヤベースは一度作ったことがあるんです。でも、魚のあらを入れずに切り身を入れていたし、お野菜がトロトロになるまで煮込まなかったので、コクがあまり出なくて。
シェフ｜出汁が出るので、魚のあらは入れたほうがいいですね。あらだけ買ってもいいし、鯛など大きな魚を買ってきて、具になる「身」以外を鍋に入れてもいい。えびも10尾ほどでもいいから、頭や殻を入れるだけで抜群に美味しくなりますよ。
宮﨑｜えびの香りって「ブイヤベースだ！」という感じがしますからね。今日は料理の工程を教えていただいたので、「この味はこのお魚の味かな？」と想像しながら食べるのが楽しかったです。すごく美味しかった！
シェフ｜フランス人もみんなブイヤベースが大好きです。暑い地方の南フランスの料理なので、夏の休日にレストランに出かけてテラス席で食べるのが最高ですね。
宮﨑｜家庭でうまく作るコツは、他にありますか？
シェフ｜煮込むときに鍋の蓋を開けておき、水を継ぎ足していくこと。アクを丁寧に取るのも大事なポイントです。あとは煮込むだけで出来上がりですよ。
宮﨑｜今日教えていただいて、そんなに手間がかかる料理ではないということがわかりました。包丁で切るのも好きだし、煮込む時間を待つのも好きなので（笑）、私に向いている料理だと思いました。出来上がるのを待ちながら、おうちの中がどんどんいい香りになっていくのって幸せですよね。

シェフ
出汁が出るので、魚のあらは入れたほうがいいですね。えびの頭や殻を入れるだけでも抜群に美味しくなりますよ。

Dish 09 ［ヨーロッパ編］｜フランス

さばとじゃがいものテリーヌ

テリーヌとは？
肉、魚、野菜などの材料を「テリーヌ型」という
型に詰め、焼く、冷やすなどして固めた料理。

作り方 ［所要時間｜約270分＋つける時間一晩］

1 … マリネ液を作る。鍋にマリネ液の材料を入れて強火で熱し、煮立ったら火を止める。さばは、端から少しだけ皮を剥がし、身を押さえながらゆっくり引いて皮をむく。バットに並べ、両面に塩、こしょう少々をふる。マリネ液を加える。なるべく空気が入らないようにラップをかけ、冷蔵庫で一晩おく。

2 … 鍋に皮つきのままのじゃがいもとかぶるくらいの水を入れて強火で熱し、沸騰したら弱火にして、15分ほどゆでる。皮をむき、縦1cm幅に切る。

3 … 別の鍋に湯を沸かし、塩をふたつまみ入れる。白菜を入れて40秒ほどゆで、氷水にさっとさらす。ざるに広げてよく水けをきる。軸の厚い部分は包丁で削ぎ落とす。

4 … ブロッコリーは小房に分け、氷水にさっとつける。おかわかめは茎を取る。3の鍋をさっと洗って湯を沸かし、ブロッコリーを入れ、2分ほどゆでたらおかわかめを加えて、さっとゆでる。すぐに取り出して氷水にさっとさらし、ざるに広げてよく水けをきる。

5 … ボウルにたっぷりの水を入れ、板ゼラチンを入れて浸す。ブロッコリーは花蕾の部分だけを切り分ける（残りの茎はサラダなどに）。ディルは葉の部分をみじん切りにする。洋梨は3mm角に切る。

6 … 別の鍋に生クリームを入れて強めの中火で熱する。煮立ったら火からおろし、5のゼラチンの水けをしぼって入れ、よく溶かす。

5 のブロッコリー、ディル、塩ひとつまみ、こしょう少々を加えて混ぜる。

7 … テリーヌ型に霧吹きで水をかけ、ラップを敷く（テリーヌ型の倍以上の大きさを敷く）。白菜は、葉の裏面を下にして、テリーヌ全体を包めるくらい、型からはみ出た状態で、すき間なく敷き詰める（葉の長さが足りないときは、重ねて足す）。

8 … 6のクリームを5mm深さまで入れる。じゃがいもをのせる。すき間にはサイズに合わせてカットしてのせる。おかわかめも同様にすき間なくのせる。さばも同様に型のサイズに合わせてカットし、皮目を下にして、すき間なくのせる。洋梨をまんべんなく全体にちらす。

9 … 8を繰り返し、最後に再びクリームを流し入れ、型からはみ出している白菜の葉で包むように巻く。さらにラップをかけて、手でなじませる。重しをのせて（同じテリーヌ型があれば水を入れてのせる）、冷蔵庫で2～3時間ほど冷やす。

10 … ソースを作る。鍋にコーンスターチ以外の材料をすべて入れ、中火で熱する。煮立ったらコーンスターチを加えてよく混ぜ、とろみがついたら火を止める。

11 … テリーヌを型から取り出して切り分け、器に盛り、ソースをかける。あればサラダなどを添える。

材料 ［約12人分］

さば（3枚におろしたもの）… 2尾
じゃがいも（メークイン）… 3個
白菜（大きめの葉）… 8～10枚
ブロッコリー … 1個
おかわかめ … 10枚
ディル … 5枝
洋梨 … 1/2個
生クリーム（乳脂肪分35％のもの）… 200ml
板ゼラチン … 2枚
塩 … 適量
こしょう … 適量

マリネ液
白ワイン … 300ml
米酢 … 大さじ3
砂糖 … 大さじ2
塩 … ふたつまみ
黒こしょう … 少々
ローズマリー … 1茎

ソース
オレンジジュース（果汁100%）… 30ml
ピンクグレープフルーツジュース（果汁100%）… 15ml
レモン汁 … 大さじ1/2
オリーブオイル … 120ml
塩 … 少々
こしょう … 適量
コーンスターチ … 1g

France,
Terrine of mackerel
and potato

作り方のポイント
どの材料も型のサイズに合わせてカットし、
すき間なく詰めることが大切。

Info
シェフ｜オリビエ・オドスさん
お店｜シェ オリビエ
住所｜東京都千代田区九段南 4-1-10-1F
TEL｜03-6268-9933
営業時間｜11:30-14:30 18:00-23:30 日・第一月休
フランス人シェフが作る本格的なフランス料理をリラックスした雰囲気の中で楽しめる。

宮﨑
こんなに美しい料理が家で作れたらかっこいいですね。

宮﨑｜テリーヌといえばお肉やフォアグラというイメージだったので、お魚のテリーヌというのが新鮮でした。
シェフ｜今日は家庭でも作りやすい「さばとじゃがいものテリーヌ」にしてみました。
宮﨑｜見た目が本当に美しいですね。
シェフ｜メルシー。フランス料理は出来上がりの美しさを重視します。
宮﨑｜いろんな食感があって、繊細な味で、とても美味しかったです。前菜というイメージがありますが、フランスでは家庭でも食べるんですか？
シェフ｜ええ。子どもの頃は、僕も母と一緒に家で作ったりしていました。
宮﨑｜こんなに美しい料理が家で作れたらかっこいいですね。パズルみたいに材料を敷き詰めていく工程が好きです。家でも楽しく作れそうです。
シェフ｜ちょっと時間はかかりますが、ひとつずつ順番に作れば難しい料理ではないんです。
宮﨑｜さば以外にどんなお魚で作ることができますか？
シェフ｜さんま、あじ、さわらもいいですね。マリネにしてもグリルにしても大丈夫。周りに巻いた白菜を、長ねぎ、スモークサーモン、生ハム、ベーコン、にんじんなどにしても美味しいです。夏はズッキーニやなすにしたり。
宮﨑｜さまざまな食感や組み合わせを考えながら作れそうですね。
シェフ｜グレープフルーツやキウイを使った果物のテリーヌも作れますよ。デザートにどうぞ。
宮﨑｜美味しそうです。スペシャルなおもてなし料理として挑戦してみます。

シェフ
ちょっと時間はかかりますが、ひとつずつ順番に作れば難しい料理ではないんです。

フランス｜さばとじゃがいものテリーヌ

Dish 10 ［ヨーロッパ編］｜ベラルーシ
ドラニキ

ドラニキとは？
生のじゃがいもをすりおろして外側を
カリカリに焼いたパンケーキ。ベラルーシの国民食。

作り方 [所要時間｜約30分]

1 … じゃがいもは皮をむき、水にさっとさらす。おろし器でバットにすりおろす。水分をスプーンですくい取る。

2 … ボウルに入れ、溶き卵、塩小さじ1/2、サワークリーム、小麦粉を順に入れ、その都度混ぜ合わせる。塩で好みの味にととのえる。

3 … フライパンにサラダ油を入れ、中火でよく熱する。2の生地を直径5cm×厚さ1cmほど流し入れ、まるく形をととのえる。

4 … 1分ほど焼き、縁に焼き色がついたら裏返し、さらに1分ほど焼く。何度か返しながら、両面にこんがりと焼き色がつくまで焼く。残りも同じように焼く。

5 … 器に盛る。にんにくをすりおろし、焼き上がった生地の表面に指で塗る。サワークリーム（分量外）を好みでかける。

材料 [4人分]

じゃがいも（メークイン）… 5個（約600g）
溶き卵 … 1/4個分
にんにく … 1/2片
サワークリーム … 大さじ1/2
小麦粉 … 大さじ1
塩 … 適量
サラダ油 … 大さじ2

作り方のポイント
じゃがいもをすりおろしたあとはざるにあけないこと。スプーンですくい取る程度にして水分を少し残す。

Belarus, Draniki

Info

シェフ｜バリシュク・ヴィクトリアさん
お店｜ミンスクの台所
住所｜東京都港区麻布台1-4-2
TEL｜03-3586-6600
営業時間｜17:00–22:30　日休

世界の都市でも珍しいベラルーシ料理店。ウォッカや音楽、ダンスとともにベラルーシの家庭料理が楽しめる。

宮﨑

**外はカリカリ
中はもちもちで
大好きな食感です。**

宮﨑｜（一口食べて）美味しい！ 外はカリカリ、中はもちもちで大好きな食感です。これは何枚でも食べられちゃいますね。
シェフ｜ドラニキはベラルーシのお母さんが週に2、3回は作る国民食。うちは4人家族でしたが、みんなで一度に50枚は食べていました。
宮﨑｜すごい！ サワークリームはあまりなじみがないんですが、さわやかで絶妙な味わいですね。
シェフ｜ベラルーシのサワークリームは日本の醤油みたいなものなんですよ。どんな料理にも使います。

宮﨑｜一番最後に塗った生のにんにくの香りも美味しさを引き立てますね。
シェフ｜ヨーロッパではにんにくを炒めて使いますが、スラブ系の国では生で食べるのが一般的。料理の上にかけたり、工程の一番最後に使うんです。
宮﨑｜ベラルーシではじゃがいもをよく食べるんですか？
シェフ｜世界で一番食べる国なんです。世界の一人当たりの消費量は30キロと言われていますが、ベラルーシ人は170〜190キロ食べます。

宮﨑｜そんなに食べるんですか！？
シェフ｜じゃがいもをすりおろすのは、ベラルーシではお父さんの仕事。だから、ドラニキを食べる夜はお父さんが帰ってくるのを心待ちにするんです。
宮﨑｜確かに力仕事ですもんね。
シェフ｜宮﨑さんが家庭で作るときは、フードプロセッサーを使えば簡単です。あとは油をたっぷり、強火で焼けば失敗しません。
宮﨑｜挑戦してみます。

シェフ

**ドラニキはベラルーシのお母さんが
週に2、3回は作る国民食。
油をたっぷり、強火で焼けば失敗しません。**

ベラルーシ｜ドラニキ

Dish 11 ［ヨーロッパ編］｜ハンガリー
ロールキャベツ

ロールキャベツとは？
ヨーロッパ・中東を中心に広く食べられているが、ハンガリーでも古くからある伝統料理の一つ。
ハンガリーでは米やザワークラウトなどを使うのが特徴。

作り方 [所要時間｜約50分]

1 … 鍋に湯を沸かし、塩小さじ1、酢を加え、キャベツをさっとゆでる。水けをきって粗熱を取り、軸のかたい部分をそぎ切る。

2 … たねの下ごしらえをする。玉ねぎはみじん切りにする。鍋にサラダ油を入れて中火で熱し、玉ねぎを炒める。しんなりしたらボウルにあける。

3 … ソースを作る。トマトは1cm角に、パプリカは1cm四方に切る。ザワークラウトは好みの酸味になるまで水洗いし、大きければ5cm長さに切る。ベーコンは1cm角に切る。

4 … 2の鍋に3のザワークラウト、ベーコン、にんにく、パプリカパウダー、キャラウェイシード、ローリエを入れて中火でさっと炒め、水200mlを加える。

5 … 煮立ったら、3のトマトとパプリカ、水100mlを加えて混ぜる。落とし蓋をして10分ほど煮る。塩（分量外）で味をととのえる。

6 … たねを作る。2のボウルにひき肉を入れて混ぜる。たねの残りの材料をすべて（米は洗わずに）加え、さらによく混ぜる。

7 … 1のキャベツに1/4量のたねをのせる。手前からひと巻きし、葉の左側を内側に折る。左側が細く、右側が太くなるよう円錐形に巻く。右側を上にして余った葉をすき間に詰め込み、パプリカ形にととのえる。

8 … 5の鍋に巻き終わりが下になるように入れて並べる。半分までかぶる量の水を加える。蓋をして中火で10分ほど煮る。裏返し、蓋をしてさらに10分ほど煮る。

9 … 器にソースを入れ、ロールキャベツをのせ、サワークリームを添える。好みでミニトマト、パセリを添える。

Hungary, Cabbage rolls

材料 [2人分]

キャベツの葉（大）… 4枚
塩 … 小さじ1
酢 … 小さじ1

たね
豚ひき肉 … 200g
玉ねぎ … 1個
米 … 1/4カップ
溶き卵（Sサイズ）… 1個分
にんにくのみじん切り … 1/2片分
パプリカパウダー … 小さじ1
キャラウェイシード（なければフェンネルシードなど）… 小さじ1/2
塩 … 小さじ1
こしょう … 少々
サラダ油 … 大さじ1

ソース
ザワークラウト（瓶詰）… 200g
トマト … 1/2個
パプリカ（小）… 1/2個
ベーコン（ブロック）… 50g
にんにくのみじん切り … 1/2片分
パプリカパウダー … 小さじ1
キャラウェイシード（なければフェンネルシードなど）… 少々
ローリエ … 3枚

サワークリーム … 好みの量
ミニトマト、パセリ（好みで）… 各適量

作り方のポイント
キャラウェイシードがなかったら、フェンネルシードやクミンシードで代用可能。

Info
シェフ｜ジュリナ・ジョルジュさん
お店｜ハンガリー ワインダイニング　アズ・フィノム
住所｜東京都渋谷区神宮前2-19-5 AZUMAビルB1
TEL｜03-5913-8073
営業時間｜12:00-14:00 18:00-22:00 日・月・祝休

ハンガリー政府の依頼でオープン。現地出身シェフが腕をふるい、ハンガリーワインも80種揃う。

宮﨑

パプリカパウダーを入れて煮込むのも意外でした。

シェフ｜日本のロールキャベツはコンソメとトマトで作りますが、ハンガリーのロールキャベツはザワークラウトとお米を入れて、パプリカパウダーで煮込みます。お味はいかがですか？
宮﨑｜美味しいです！ 中にお米が入っていることを知らないと気づかないかもしれないですが、味のポイントになっていてすごく美味しい。サワークリームも大好きなんです。ハンガリーではどんなときにロールキャベツを食べるんですか？
シェフ｜普段の食卓にも出てきますが、クリスマスと結婚式で必ず食べる伝統的なお祝いの料理なんです。結婚式は一日がかりで、朝まで続くんですよ。
宮﨑｜楽しそうですね。私も家でロールキャベツをよく作りますが、パプリカの形に巻いたのははじめてです。
シェフ｜俵形に巻く地方もありますが、代表的なのはパプリカ形ですね。
宮﨑｜パプリカパウダーを入れて煮込むのも意外でした。
シェフ｜18世紀に南米から唐辛子が入ってきたあと、辛くない唐辛子＝パプリカをハンガリー人が改良したので、パプリカはハンガリーが発祥なんです。レモンの何倍ものビタミンCがあり、パウダーにしても栄養が壊れません。ハンガリー人はお肉をたくさん食べるので、パプリカでバランスを取っているんです。ビタミンCを発見したのもハンガリー人で、ノーベル賞も取っているんですよ。
宮﨑｜すごいですね。工程もシンプルだし、具だくさんで美味しいので、今すぐにでも家で作りたいです。

シェフ

パプリカはハンガリーが発祥なんです。レモンの何倍ものビタミンCがあり、パウダーにしても栄養が壊れません。

Dish 12 ［ヨーロッパ編］｜ルーマニア
ママリーガとトキトゥーラ

ママリーガとは？
ゆでたとうもろこし粉を練ったルーマニア料理。
単独では食べず、おかずと一緒に食べる主食。

作り方 [所要時間｜約50分]

1 … トキトゥーラを作る。肩ロースは、塩、こしょう各少々（分量外）をふり、長さ5cm、幅1cmほどに切る。レバーとハツは長さ5cm、厚さ5mmほどに切る。にんにくは包丁の腹でつぶす。

2 … フライパンにオリーブオイル、にんにく、ローリエ、塩、こしょうを入れて中火で熱する。香りが出たら肩ロースを入れて焼く。

3 … 肩ロースの色が変わったら、ハツを入れて焼く。肩ロースが縮んできたらレバーを入れてさらに焼く。

4 … レバーの色が変わったら、トマトペーストを入れて混ぜ、水250mlを加えて10分ほど煮る。赤ワイン、タイムを加えてさらに10分ほど煮る。

5 … ママリーガを作る。鍋に水400ml、バター40g、塩を入れて中火にかける。

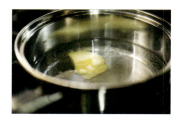

6 … 沸騰したら弱火にし、とうもろこし粉を少しずつ入れてめん棒などでしっかり混ぜる。とろみがついて、めん棒を持ち上げると生地が落ちるようになったら、表面をならして残りのバターを加えて混ぜる。

7 … 別のフライパンにサラダ油を中火で熱し、卵を割り入れて目玉焼きを作る。器に6のママリーガを盛り、4のトキトゥーラをかける。目玉焼きをのせ、好みでイタリアンパセリやトマトを添える。

材料 [作りやすい分量]

ママリーガ
とうもろこしの粗挽き粉 … 100g
バター … 70g
塩 … 小さじ1

トキトゥーラ
豚肩ロース肉 … 700g
豚レバー … 150g
豚ハツ … 150g
トマトペースト … 大さじ3
赤ワイン … 100ml
にんにく … 3かけ
ローリエ … 1枚
タイム … 少々
オリーブオイル … 大さじ2
塩 … 小さじ1/2
こしょう … 少々

卵 … 適量
サラダ油 … 適量

作り方のポイント
ママリーガはとろみがついてからもしっかり混ぜ続けること。もちもちとした食感になる。

Romania, Mamaliga and Tochitura

Info
シェフ｜ミハイさん
お店｜ラミハイ

住所｜東京都墨田区江東橋4-19-10
TEL｜03-6659-9970
営業時間｜17:00-29:00 無休

現地の雰囲気を感じられる店内で、シェフが腕をふるう伝統的なルーマニア料理を堪能できる。

宮﨑｜**ママリーガは
ルーマニアの
主食なんですか？**

宮﨑｜ママリーガは作るのが難しかったです。均等に混ぜないと分離してしまうし、足を踏ん張って力を込めないとうまく混ざらないので。
シェフ｜「ママリーガを上手に作れる女性はいいお嫁さんになる」と言われているぐらい、ルーマニア人にとっても難しい料理なんです。
宮﨑｜ルーマニアの主食なんですか？
シェフ｜そうですね、パンとママリーガが主食です。もともとは、戦後の日本で牛乳の代わりに脱脂粉乳を使ったように、小麦粉の代わりにとうもろこし粉を使って、パンの代用品としてママリーガを食べていたんですよ。
宮﨑｜作り置きもできますか？
シェフ｜お皿に置いて、乾燥しないように布をかぶせておけばOK。かたくなっても美味しいですよ。
宮﨑｜トキトゥーラも3種類のお肉の食感が全部違って美味しかったです。
シェフ｜ルーマニアでは豚肉をよく食べるんです。あとは、トマトソースと燻製もよく食べます。冬はマイナス20度になるほど寒いので、夏や秋の間にトマトソースを作っておくんです。
宮﨑｜四季がある国なんですね。
シェフ｜夏は39度にもなるので、過酷ですよ。
宮﨑｜ママリーガには、トキトゥーラの他にどんなおかずが合いますか？
シェフ｜トマトソースとにんにくで具材を煮込めば、なんでも合いますよ。サワークリームとヤギのチーズをのせて、そのまま食べても美味しいです。
宮﨑｜たくさん作って、色々な食べ方を試してみたいです！

シェフ

**もともとは、
小麦粉の代わりにとうもろこし粉を使った
パンの代用品として、
ママリーガを食べていたんですよ。**

Dish 13 ［ヨーロッパ編］｜イギリス

シェパーズパイ

シェパーズパイとは？
マッシュポテトとひき肉を重ねてオーブンで焼いた、イギリスの伝統料理。

作り方 [所要時間｜70分]

1 … じゃがいもは1cm角に切り、水から中火で15分ほどゆでる。玉ねぎは1cm角に切る。にんにくはすりおろす。バターは小さめに切る。牛乳は室温に戻す。

2 … 別の鍋にサラダ油とにんにくを入れて中火で熱し、香りが出たら玉ねぎを加えて炒める。玉ねぎの色が変わったら、タイムパウダーと牛肉を順に入れてさらに炒める。

3 … 牛肉の色が変わったら、トマトピューレ、塩、グレービーソース、ウスターソースを順に加えてその都度よく混ぜ合わせる。粗びき黒こしょうを加えてさらに混ぜ、弱めの中火で15分ほど煮る。

4 … 1のじゃがいもに竹串がすーっと通るようになったらざるにあけ、よく水けをきったら鍋に戻す。バター、塩、白こしょうを加え、牛乳を少しずつ加えながらマッシャーなどでつぶし、なめらかにする。

5 … 3の鍋に水溶き片栗粉（片栗粉大さじ1＋水大さじ2）を入れてよく混ぜ、ミックスベジタブルを凍ったまま加えてさらに混ぜる。

6 … オーブンを220℃に予熱する。耐熱容器に5を入れて表面を平らにならす。4を容器の縁からかぶせるようにして入れる（肉とポテトの間に少しすき間があくとよい）。表面を平らにならし、溶き卵を塗り、フォークで模様をつける。

7 … オーブンに入れ、表面に焼き色がつくまで20分ほど焼く（17分ほどたったら様子を見る）。タイムパウダー（分量外）をふり、好みでステーキソースを添える。

材料 [2〜3人分]

牛ひき肉 … 200g
玉ねぎ … 1/2個
にんにく … 1片
ミックスベジタブル（冷凍）… 150g
トマトピューレ … 大さじ1
グレービーソース（なければブイヨン）… 200ml
ウスターソース … 大さじ1
水溶き片栗粉 … 適量
タイムパウダー … 小さじ1/2
塩 … 小さじ1
粗びき黒こしょう … 小さじ1/2
サラダ油 … 大さじ1
ステーキソース（好みで）… 適量

マッシュポテト
じゃがいも（メークイン）… 3個
バター（無塩）… 15g
牛乳 … 大さじ2
塩 … 小さじ1/2
白こしょう … 小さじ1/2

溶き卵 … 適量

作り方のポイント
グレービーソースはウェブなどで購入可能。なければブイヨンで代用できる。

England. Shepherds pie

Info
シェフ｜ロバーツさん
お店｜目黒タバーン
住所｜東京都目黒区下目黒 1-3-28-2F
TEL｜03-3779-0280
営業時間｜月〜土 17:30-25:00　日祝 17:30-24:00　無休
英国にいると錯覚してしまうほど本格的なイングリッシュ・パブ。自家醸造のクラフトビールが名物。

宮﨑
どうしたら マッシュポテトが こんなに ふわふわに?

シェフ｜イギリスではサンデー・ランチにローストビーフなどの肉料理を作ります。次の日に、余った肉をミンチにして、グレービーソースを入れて、シェパーズパイにするんですよ。
宮﨑｜どんなお肉でもいいんですか?
シェフ｜ビーフ、ラム、チキン、なんでも OK。イギリスでは肉で呼び方が変わり、ラムだとシェパーズパイ、ビーフだとコテージパイと呼ぶこともあります。
宮﨑｜おうちで食べることが多い料理なんですか?
シェフ｜そうです。イギリスの子はグリーンピースが嫌いな子が多いので、親はミックスベジタブルをたくさん入れて、野菜を食べさせちゃうんです。ボリュームがあるからお腹がすいた子どもたちは大喜び。私も大好きでした。
宮﨑｜どうやったらこんなにふわふわなマッシュポテトが作れるんですか?
シェフ｜メークインを使って、バターと牛乳をたっぷり入れること。大量に作るときは牛乳を温めるといいですよ。
宮﨑｜イギリス料理の特徴って?
シェフ｜「ポテトカントリー」なので、じゃがいも料理が豊富です。国民がよく食べる料理ベスト3は、フィッシュ＆チップス、シェパーズパイ、ソーセージ＆マッシュポテトですから。
宮﨑｜私みたいなおイモ好きにはたまらない(笑)。
シェフ｜シェパーズパイをオーブンで焼いたあとにラップをして冷凍しておけば、レンジで温めて食べられます。だからイギリスの怠け者の奥さんの冷凍庫にはたくさんあるんです(笑)。
宮﨑｜私もたくさん作ってみます。

シェフ

メークインを使って、 バターと牛乳をたっぷり入れること。 大量に作るときは牛乳を温めるといいですよ。

Dish 14 ［ヨーロッパ編］｜イタリア

トマトソースのニョッキ

ニョッキとは？
イタリアの家庭料理で、
じゃがいもと小麦粉を練ったパスタの一種。

作り方 ［所要時間｜約70分］

1 … ニョッキを作る。じゃがいもは皮をむいて中火で15分ほどゆでる。竹串がすっと通るくらいになったら、ざるにあけてよく水をきる。粗熱が取れたら、マッシャーでなめらかになるまでつぶす。

2 … 乾いたのし台（なければまな板でも代用可）に強力粉をドーナツ状に広げる。中心に卵を割り入れ、1のじゃがいも、チーズ、ナツメグ、塩を入れて手で混ぜ合わせる。まわりの粉を少しずつ加えながら、素早く混ぜる（のし台に生地がつくようなら、打ち粉をする）。

3 … 生地がまとまったら、直径2cmほどの棒状に伸ばし、2cm長さに切る。フォークの先を押し付けるようにして溝をつける。打ち粉（分量外）をしたバットなどに入れ、くっつかないように強力粉（分量外）を少々まぶしておく。

4 … トマトソースを作る。ミニトマトは縦4等分に切る。バジルは手で小さくちぎる。にんにくは薄切りにする。唐辛子は縦半分に切って種を取り出す。

5 … フライパンにオリーブオイル、にんにく、唐辛子を入れて弱火で熱する。香りが立ったらトマトを入れて中火で炒める。トマトがやわらかくなったらつぶし、塩を加えて混ぜる。

6 … 鍋にたっぷりの湯を沸かし、塩（湯1ℓに対して小さじ2）を加え、3のニョッキを30秒から1分ほど中火でゆでる。

7 … ニョッキが浮き上がってきたらざるにあけてゆで汁をきる。フライパンに入れてソースをからめ、バジルとチーズを加えて混ぜる。器に盛り、好みでバジルをのせ、チーズをかける。

材料 ［2～3人分］

ニョッキ

じゃがいも（メークイン）… 500g（中サイズ4個）
卵 … 1個
強力粉 … 200g
パルミジャーノチーズ … 50g
ナツメグ … 少々
塩 … 適量

トマトソース

ミニトマト … 12～15個
パルミジャーノチーズ … 50g
バジル … 3～4枚
にんにく … 1片
赤唐辛子 … 1本
オリーブオイル … 大さじ1
塩 … 小さじ1/2

バジル … 適量
チーズ … 適量

作り方のポイント
ニョッキをゆでるときには、きちんと塩を入れると食感がよく仕上がる。岩塩がおススメ。

Italy, Gnocchi of tomato sauce

Info

シェフ｜ジョバンニさん
お店｜ドン・ジョバンニ
住所｜東京都世田谷区池尻3-21-33-1F
TEL｜03-6453-2697
営業時間｜木-日 12:00-15:00 火-土 18:00-23:00（日 -22:30）
月休・火隔週休

名物の自家製サラミをはじめ、400年前から伝わるフィレンツェの味が楽しめる。不定期で料理教室も開催。

宮﨑

ニョッキは、ちょっと高級でオシャレな料理というイメージです。

シェフ｜とても上手にできましたね！
宮﨑｜フォークで溝をつけるのが楽しくて、ずっとやっていたかったです。
シェフ｜イタリアでは大人も子どもも一緒になってみんなで溝をつけるんですよ。溝をつけるとソースがよく絡んで、より美味しく食べられます。
宮﨑｜もともとニョッキが大好きなのですが、大人になるまで食べたことがなかった気がします。「ちょっと高級でオシャレな料理」というイメージです。
シェフ｜昔は当時安価だったじゃがいもを使う貧乏料理でした（笑）。みんな大好きだから、お母さんがニョッキを作る日は朝からワクワクするんです。
宮﨑｜どんなときに食べるんですか？
シェフ｜木曜日がニョッキの日です。トスカーナ地方の伝統なんです。金曜日は魚、土曜日はラザニアかラビオリ、日曜日はお肉。
宮﨑｜一度だけ家でかぼちゃのニョッキを作ったことがありますが、ゆでている間に溶けてしまったんです……。
シェフ｜少しじゃがいもを混ぜたほうがよかったですね。かぼちゃのニョッキの他に、ビーツやほうれん草を使ったニョッキもありますよ。
宮﨑｜ソースは他にどんなものが？
シェフ｜イタリアの主流はミートソースですが、ジェノベーゼも美味しいですし、ゴルゴンゾーラとマスカルポーネを混ぜて、クルミ、松の実、生クリームを加えたソースも美味しいです。
宮﨑｜冷凍保存もできますか？
シェフ｜ゆでた状態のニョッキを冷凍すればOK。食べるときは、凍ったまま熱湯に入れれば大丈夫です。

シェフ

昔は当時安価だったじゃがいもを使う貧乏料理でした（笑）。イタリアでは大人も子どもも一緒にみんなで溝をつけるんです。

イタリア｜トマトソースのニョッキ

Dish 15 ［ヨーロッパ編］｜フランス

スフレ

スフレとは？
メレンゲに素材を混ぜてオーブンで焼き上げる、
「膨らんだ」という意味の名前のフランス料理。

作り方 [所要時間｜45分]

1 … 型用のバターは室温に戻す。型の内側にハケでバターを塗る。側面は底から縁に向かって塗る。冷蔵庫で冷まし、同じように重ねてバターを塗る。グラニュー糖をふり入れ、全体に均一にまぶし、余分なグラニュー糖をふるい落とす。

2 … カスタードクリームを作る。ボウルに牛乳とコーンスターチを入れて、粒が残らないよう泡立て器でよく混ぜる。こし器を通して鍋に入れる。グラニュー糖、バニラビーンズペーストを加えて泡立て器で混ぜ、弱めの中火にかける。ふつふつしてきたら塩を加え、さらに混ぜる。湯気が上がり、少しとろみが出たら火からおろして混ぜる（温度計があれば、80℃をキープするとよい）。

3 … さらにとろみが出たら再び弱めの中火にかけ、素早く混ぜる。つのが立つくらいになったら火からおろし、バターを加える。バターが溶けたら別のボウルに移し、卵黄を加えて素早く混ぜる。空気を抜きながらラップをし、冷蔵庫に入れて人肌の温度になるまで冷ます。

4 … メレンゲを作る。別のボウルに卵白を入れ、ハンドミキサーでゆっくりと一定の速度で泡立てる。塩と、グラニュー糖の1/5量を加えてさらに泡立てる。均一に混ざったら、残りのグラニュー糖の1/2量を加える。全体によく混ざったらミキサーのスピードを上げ、残りのグラニュー糖を入れてさらに泡立てる。つのが立ち、先が少し曲がるくらいのかたさまで泡立てる。

5 … **3**のカスタードクリーム200g分を別のボウルに入れ、**4**のメレンゲを1/3量ほど加える。ゴムべらでさっくりと混ぜたら残りのメレンゲを加え、泡をつぶさないよう、ボウルを回しながら、内から外に向かってさっくりと素早く混ぜる。

6 … オーブンを200℃に予熱する。生地をしぼり袋に入れ、型にしぼり入れる。表面をパレットナイフで平らにする。型の縁の生地を指でこそげ取り、きれいにする。オーブンで10〜12分焼く。好みでうすい板チョコをのせる。

France, Souffle

材料 [直径10cmのココット型4個分]

カスタードクリーム
卵黄 … 105g（Mサイズ約5個分）
牛乳 … 300ml
バター（無塩）… 20g
グラニュー糖 … 50g
塩（あればゲランド）… ひとつまみ
バニラビーンズペースト … 小さじ1/2
コーンスターチ … 60g（約大さじ10）

メレンゲ
卵白 … 200g（Mサイズ約7個分、前日に室温に戻しておく）
グラニュー糖 … 100g
塩（あればゲランド）… 少々

型用
バター（無塩）… 適量
グラニュー糖 … 適量

作り方のポイント
残ったカスタードクリームは、パンケーキやクレープ、フルーツなどに合わせて。

Info
シェフ｜ジェロームさん
お店｜パティスリー カカオエット・パリ
住所｜東京都目黒区東山1-9-6
TEL｜03-5722-3920
営業時間｜10:00〜20:00　木・第3水休

プティガトー、焼き菓子、シーキューブなど本格フランス菓子が揃い、店内カウンターでもいただける。

宮﨑
スフレを上手に作るポイントは？

宮﨑｜スフレはずっと作ってみたかったんですが、すごく難しそうです。
シェフ｜材料がシンプルなぶん、工程をひとつでも間違えると膨らまないので、フランス人にとってもうまく作れるかドキドキする料理です。
宮﨑｜やっぱりそうなんですね。
シェフ｜でも、今日は成功するための3つのポイントを教えますね。まず「型の側面にバターをしっかり塗ること」。底から縁に向かってバターを塗ることでスフレが膨らむんです。

宮﨑｜溶かしバターを使ってもいいですか？
シェフ｜成分が変わるのでいけません。事前に室温に戻しておくか、レンジで少しずつやわらかくしましょう。あと2つは「卵白を泡立てすぎないこと」と「メレンゲとカスタードクリームの温度を同じぐらいにすること」。カスタードクリームにピスタチオペーストやチョコレートを入れたり、型の底にジャムを入れても美味しいですよ。
宮﨑｜フランスの家庭でもよく食べるんですか？
シェフ｜ええ。チーズやサーモンを入れて食事スフ

レにすることも多いです。その場合、カスタードクリームをベシャメルソースに変えてくださいね。（オーブンから出して）……さあ、完成です。上手にできましたね！
宮﨑｜とっても美味しいです！　家のオーブンでも再現できるでしょうか。
シェフ｜190〜210℃の幅で温度を調節すれば成功するはずですよ。
宮﨑｜3つのポイントも守って、頑張って作ってみます。

シェフ
型の側面にバターをしっかり塗る、卵白を泡立てすぎない、メレンゲとカスタードクリームの温度を同じに。この3つです。

世界のレシピ
中東・アフリカ編
Middle East / Africa

トルコ｜マントゥ
イラン｜ホルシュ・デ・バデンジャン
パレスチナ｜フリーケのスープ
レバノン｜タッブーレ
チュニジア｜チキンと野菜のクスクス
エジプト｜ムサアー
エチオピア｜ドロワット
ナイジェリア｜豆シチューとイドド
モロッコ｜ケフタのタジン
マダガスカル｜エノキソア・プティポワ

Dish 16 ［中東・アフリカ編］｜トルコ

マントゥ

マントゥとは？
小麦粉を練った皮に具材を詰めて調理し、
にんにくを混ぜたヨーグルトをかけて食べるトルコ風水餃子。

作り方 [所要時間｜約80分]

1 … 生地を作る。ボウルに卵を割り入れ、塩、砂糖、サラダ油を入れて混ぜ、強力粉を加えて混ぜる。水を少しずつ加えながらよくこねる。生地がまとまり、表面がなめらかになって耳たぶくらいのかたさになったら、4等分にして丸くまとめ、ぬれぶきんをかぶせて30分ほどねかせる。

2 … ピーマン、玉ねぎ、パセリ、にんにくはみじん切りにする。別のボウルに入れ、ひき肉、塩、こしょうを加えて混ぜる。

3 … ヨーグルトソース用のにんにくをすりおろす。プレーンヨーグルトに入れ、塩を加えて混ぜる。

4 … 打ち粉をした台に1をのせ、めん棒などで1〜2mm厚さにのばす。3〜4cm四方に切り分け、2をひとつまみずつのせる。両端を持って中央で合わせ、角を指で押さえてとめる。

5 … 鍋にたっぷりの湯を沸かし、サラダ油と4を入れて中火で10分ほどゆで、浮いてきたらゆで汁ごと器に盛る。トマトソース、3のヨーグルトソース、溶かしバターをかけ、あればドライミントをちらす。

材料 [3〜4人分]

生地
強力粉 … 300g
強力粉（打ち粉用）… 適量
卵 … 1個
塩 … 小さじ1
砂糖 … 小さじ1/2
サラダ油 … 大さじ1と2/3
水 … 200ml

肉だね
牛ひき肉（あればラムのひき肉）… 250g
ピーマン … 1個
玉ねぎ（小）… 1個
パセリ … 2枝
にんにく … 1片
塩、こしょう … 各少々

ヨーグルトソース
プレーンヨーグルト … 150g
にんにく … 1片
塩 … 小さじ1

サラダ油 … 大さじ1/2
市販のトマトソース … 適量
溶かしバター … 50g
ドライミント（あれば）… 適量

作り方のポイント
ゆでる前のマントゥは冷凍保存可能なので、多めに作っておくと忙しいときに便利。

Turkish, Manti

Info
シェフ｜エロールさん
お店｜トルコ料理 アンカラ
住所｜東京都渋谷区道玄坂1-14-9 ソシアル道玄坂B1F
TEL｜03-3780-1366
営業時間｜月〜土 17:00〜24:00（日祝 -23:00） 不定休
ベリーダンスを見ながら本場のトルコ料理を楽しめる。

宮﨑

ヨーグルト、にんにく、バター、全部が効いていてすごく豊かな味の料理ですね。

宮﨑｜トルコ料理って、ケバブぐらいしかなじみがなかったんですが、さっぱりしていて美味しいですね。
シェフ｜世界三大料理のひとつですから(笑)。とても美味しいし、健康にもいいんですよ。
宮﨑｜最後に上からヨーグルトをかけるのにはびっくりしました。
シェフ｜トルコ人はヨーグルトが大好きで、料理にもたくさん使います。毎日食べるから元気なんですよ。
宮﨑｜ヨーグルトの酸味とにんにくの香りと溶かしバターが全部効いていて、いろんな味がしますね。すごく豊かな味の料理だと思いました。
シェフ｜宮﨑さんはマントゥを包むのが上手でしたね。
宮﨑｜餃子を包むのも大好きなんです(笑)。マントゥは大雑把に包んでお肉がはみ出してしまっても、出来上がると気にならないですね。細かい作業が苦手な人でも作りやすいと思いました。トルコの方はよく食べるんですか?
シェフ｜大好きです。特別な日に必ず作りますが、手間暇がかかるのでマントゥ屋で食べることが多いですね。
宮﨑｜家で作るのは難しいですか?
シェフ｜手順を踏めば大丈夫。誰でもできます。美味しく作るコツは、生地を多めに作ってこねること。
宮﨑｜ランチとして、パンと一緒に食べるのもいいですね。
シェフ｜ええ。ぜひヨーグルトをかけて作ってみてくださいね。今日は自家製ヨーグルトを使いましたが、市販のプレーンヨーグルトでも十分美味しいです。

シェフ

手間暇がかかりますが、手順を踏めば誰にでも作れます。美味しく作るコツは、生地を多めに作ってこねること。

Dish 17 ［中東・アフリカ編］｜イラン
ホルシュ・デ・バデンジャン

ホルシュ・デ・バデンジャンとは？
イランで夏によく食べられる、なすとラム肉の煮込み料理。

作り方 [所要時間｜約150分]

1 … 玉ねぎは縦薄切りにする。にんにくはみじん切りにする。トマトは1cm厚さの輪切りにする。

2 … フライパンにオリーブオイル大さじ1を入れて中火で熱する。玉ねぎを入れて炒め、油がなじんだらにんにくを加えてさっと炒める。ターメリック、塩、こしょうを入れてさらにさっと炒める。

3 … ラム肉を加えて焼く（油が足りなければ足す）。肉の両面に焼き色がついたら、トマトピューレ、水400ml、シナモンスティックを入れて混ぜる。弱火にし、ときどき肉を裏返しながら2時間ほど煮込む。

4 … なすは皮むき器で皮をむき、縦半分に切る。表面に塩少々（分量外）をふって5分ほどおき、ペーパータオルで水けを拭く。

5 … 別のフライパンにオリーブオイル大さじ3を入れて中火で熱し、4のなすを両面に焼き色がつくまで焼く。

6 … 3にシナモンパウダーを混ぜ、5のなすを入れる。1のトマトをなすにのせ、さらに20分ほど弱火で煮る。器に盛り、好みでパセリをのせても。

材料 [2人分]

ラムすね肉 … 300g
玉ねぎ … 1個
トマト … 3個
なす … 4個
トマトピューレ … 150ml
にんにく … 1片
ターメリック … 大さじ1
シナモンスティック … 2本
シナモンパウダー … 小さじ1
塩 … 小さじ1/2
こしょう … 適量
オリーブオイル … 大さじ4
パセリ（好みで）… 適量

作り方のポイント
なすはしっかり水けを拭き取ること。
フライパンの縁からそっとすべり入れるとよい。

Iran, Khoresh Bademjan

Info

シェフ｜ケメスタリィさん
お店｜アラジン
住所｜東京都港区西麻布 3-2-6 六本木安田ビル 2F
TEL｜03-3401-8851
営業時間｜11:30–14:30 17:00–22:00 日昼休
異国情緒あふれる店内で野菜たっぷりのヘルシーなイラン・アラブ料理が楽しめる。

宮﨑
> さっぱりしていて美味しいです。うまく作るコツはなんですか?

宮﨑｜ホルシュ・デ・バデンジャンは、イランではどんなときに食べますか?
シェフ｜なすが入っているので夏の料理ですね。イランは日本と同じように四季があって、4月には桜も咲くんです。3月20日がイランのお正月です。
宮﨑｜お正月には何をするんですか?
シェフ｜2週間の休みをもらうのが普通で、旅行に行ったりします。親戚の子どもたちにお年玉をあげたりね。
宮﨑｜イラン料理でよく使う食材はなんですか?
シェフ｜主食はナンとインディカ米。香辛料はターメリック、塩、こしょう、サフランが多いですね。インドと違ってあまりスパイシーじゃないし、イタリア料理とフランス料理の中間ぐらいの味だから、日本人好みだと思う。
宮﨑｜確かに、野菜が多いし全体的にさっぱりとしていて、すごく美味しいです。ラム肉もよく食べるんですか?
シェフ｜一番ポピュラーですね。日本ではビーフが高級品ですが、イランの牛はかたいんです。宗教的に豚は食べません。基本的には肉を食べることが多いですが、カスピ海に近い地域では、焼き魚とお米を食べたりするんですよ。
宮﨑｜本当に日本に似ていますね。今日教えていただいたお料理をうまく作るコツはなんですか?
シェフ｜肉にじっくり火を通してからなすを入れること。なすに塩をかけて水分を出しておくのもポイントです。油がはねづらくなるし、味もしまって美味しくなるんですよ。
宮﨑｜なすの素揚げを作るときにも応用できますね!

シェフ
> なすを炒めるとき、
> 事前に塩をかけて水分を出しておくと、
> 油がはねづらいし、
> 味もしまって美味しくなりますよ。

イラン｜ホルシュ・デ・バデンジャン

Dish 18 ［中東・アフリカ編］｜パレスチナ
フリーケのスープ

フリーケとは？
青麦（小麦が青いうちに収穫したもの）を乾燥させた
パレスチナでよく食べられているスーパーフード。

作り方 [所要時間｜約45分]

1 … フリーケは水でよく洗い、ざるにあける。玉ねぎ、トマト、ズッキーニは1cm角に切る。セロリは1cm四方、にんじんは7mm角に切る。にんにくは薄切りにする。

2 … 鍋にオリーブオイルを入れて中火で熱し、玉ねぎを入れて炒める。透き通ってきたら、にんにく、セロリ、にんじん、トマトを入れてさらに炒める。

3 … 野菜がしんなりしたら、洋風スープの素、ナツメグと、塩、こしょう各少々を加えて炒める。水2ℓを加えてさっと混ぜたら、フリーケを加えて混ぜる。沸騰したら弱火にし、蓋をして20分ほど煮る。

4 … ズッキーニを加え、蓋をしてさらに5分ほど煮る。味をみて、野菜が好みのかたさになったら、塩、こしょうで味をととのえる。器に盛り、好みでレモンを添える。

材料 [作りやすい分量]

フリーケ … 250g
玉ねぎ … 1個
トマト … 1個
ズッキーニ … 1本
セロリ … 1本
にんじん … 1/2本
にんにく … 1片
オリーブオイル … 大さじ2
ナツメグ … 小さじ1
洋風スープの素（植物性、顆粒）… 大さじ2
塩、こしょう … 各適量
レモンのくし形切り（好みで）… 適量

作り方のポイント
フリーケは、店（アルミーナ）のホームページやネットショップなどで購入可能。

Palestine, Freekeh soup

Info

オーナーシェフ｜バシイさん　シェフ｜オマールさん
お店｜アルミーナ
住所｜東京都千代田区神田多町2-2-3 元気ビルB1F
TEL｜03-3526-2489
営業時間｜月-木 11:30-15:00　月-日 17:30-23:00　無休
現地から取り寄せたスパイスを使用したパレスチナ料理が楽しめる。

宮﨑｜**フリーケはパレスチナではおなじみの食材なんですか？**

宮﨑｜フリーケははじめて食べましたが、食感は楽しいし、お腹にたまりそうだし、美味しかったです。
シェフ｜フリーケの食物繊維は玄米の約4倍で、ビタミン、ミネラルやたんぱく質も豊富なんです。
宮﨑｜まさにスーパーフードですね。
シェフ｜とても栄養価が高いので、体調がよくないときはフリーケをやわらかくなるまで煮込んだスープを食べるといいですよ。
宮﨑｜煮込む時間によっていろいろな食感になるんですね。

シェフ｜ゆでた汁に栄養がたっぷり含まれているので、スープだとあますことなく食べることができるんです。何を入れても美味しくなるので、好きな野菜を入れてアレンジしてOKですよ。
宮﨑｜フリーケはパレスチナではおなじみの食材なんですか？
シェフ｜原始的な製法で作る古代食で、とても有名ですね。パレスチナの土がフリーケ作りに合っているんです。
宮﨑｜現地の方はどのように調理するんですか？

シェフ｜鍋で煮てリゾットのようにしたり、パレスチナでポピュラーなラム肉のつけあわせにしたり。パンやライスと同じような感覚で食べています。
宮﨑｜くせがないのでたくさんアレンジができそうですね。
シェフ｜和食にも合いますよ。白米を炊くときに混ぜてもいいし、納豆に入れても美味しいです。
宮﨑｜アイデア次第でさまざまな楽しみ方ができますね！　身体にとてもいいとのことなので、早速試してみます。

シェフ｜

**原始的な製法で作る
古代食でとても有名です。
食物繊維は玄米の約4倍で、
ビタミン、ミネラルや
たんぱく質が豊富です。**

Dish 19 ［中東・アフリカ編］｜レバノン
タッブーレ

タッブーレとは？
パセリのサラダ。刻んだパセリと玉ねぎ、
トマトなどをオリーブオイルであえたレバノン料理。

作り方 [所要時間｜約20分]

1 … ブルグルはボウルに入れ、浸るくらいの熱湯を入れて10分ほどおき、ざるに上げておく。

2 … パセリは葉を摘んでみじん切りにする。レタス4枚と玉ねぎもみじん切りにする。トマトは皮をむき、1cm角に切る（皮は上部からくるくるとむき、なるべく長く残るようにしてとっておく）。レモンは搾る。

3 … ボウルにパセリ、レタス、玉ねぎ、トマトを入れ、塩ひとつまみを加えて混ぜる。ブルグルを加えて塩小さじ1/2、レモンの搾り汁を入れてさらに混ぜる。好みで塩とレモンで調味し、オリーブオイルを加えて混ぜる。

4 … 残したレタス1枚は軸を取り除いて器にのせ、その上に**3**を盛る。**2**で残したトマトの皮を巻いて花形にととのえ、のせる。

材料 [2人分]

パセリ … 2束
レタス … 5枚
玉ねぎ … 1/2個
トマト … 1個
ブルグル（挽き割り小麦） … 大さじ2
レモン … 1個
塩 … 適量
オリーブオイル … 大さじ2

作り方のポイント
ブルグルはネットなどで購入可能。トマトは細かくしすぎると水っぽい仕上がりになってしまうので注意。

Lebanon, Tabbouleh

Info

シェフ｜雨田須理万さん
お店｜アラビアンレストラン・パルミラ
住所｜東京都豊島区池袋2-58-8 TOビル2F
TEL｜03-3981-8293
営業時間｜17:00〜24:00 月休

大学でアラビア語も教える陽気な主人（レバノン出身）がレバノン料理を振る舞う。ベリーダンスショーも開催。

宮﨑

**タブーレは
とてもヘルシーで
身体が喜んでいる
感じがします。**

シェフ｜アラビアには「生徒は先生より上手になる」ということわざがあるけど、すごく料理が上手！

宮﨑｜みじん切りは特に好きなんです。私の中でパセリといえば飾り付けで出てくる野菜で、あまり食べたことがなかったんですけど、こうやってサラダにするとペロリ！ ですね（笑）。

シェフ｜パセリは栄養があって腎臓にとてもいいから、レバノンにはパセリの料理がたくさんあるんですよ。タブーレは特にポピュラーで、これ目当てでお店に来るお客さんがいるぐらい。

宮﨑｜確かに、ヘルシーで身体が喜んでいる感じがします。

シェフ｜レバノンの人はみんなでよくピクニックに行くんだけど、旦那が水タバコをやってる横で、女性たちは歌を聴いて踊りながら何時間もタブーレを作る。ハッピーな料理なんです。

宮﨑｜レバノンのお料理の特徴って？

シェフ｜野菜中心の料理が多くて、オリーブオイルも調理にたっぷりと使います。肉の代わりに豆を使うことも多いから、欧米ではベジタリアン料理やダイエット料理として人気なんですよ。ロンドンやアメリカには、日本のインド料理店と同じぐらいたくさんのレバノン料理店があったりします。

宮﨑｜そうなんですね。タブーレはすごく簡単に作れるし、くせがなくて美味しい。早速家でも挑戦してみます。

シェフ｜寝る前に食べるとお肌にいいし、ブルグルをたくさん入れれば夜食にもなる。代わりにクスクスを入れてもいいですよ。

宮﨑｜いろんなアレンジができますね。

シェフ

**レバノン料理は野菜中心で、
欧米ではベジタリアン料理や
ダイエット料理として人気なんですよ。**

レバノン｜タブーレ

Dish 20 ［中東・アフリカ編］｜チュニジア

チキンと野菜のクスクス

クスクスとは?
北アフリカ周辺で発祥した、デュラム小麦の粉から作られた
小さな粒状の食材。または、その食材を使った料理。

作り方 [所要時間｜約80分＋つける時間120分以上]

1 … **A**の材料を混ぜ、鶏肉を加え、2時間以上つけておく（前日につけておくと便利）。

2 … 熱湯400mlにオリーブオイル大さじ1を入れる。大きめのボウルにクスクスを入れ、オリーブオイル大さじ1と熱湯を加えて、ラップをして10分ほど蒸す。

3 … にんにくは包丁の腹でつぶす。玉ねぎは1cm幅のくし形切りにする。セロリ、じゃがいも、にんじん、ズッキーニは一口大の乱切りにする。ピーマンは縦4等分に切る。かぼちゃは皮をむき、一口大の乱切りにする。唐辛子は小口切りにする。ひよこ豆は汁けをきる。

4 … 鍋にオリーブオイル大さじ3を入れ、にんにく、唐辛子、玉ねぎを加えて、中火で熱する。玉ねぎが透き通ってきたら、**1**の鶏肉を加える。全体に油がまわったら、トマト缶を缶汁ごとハリッサと加えてよく混ぜ、ピーマンとセロリを入れて10分ほど煮る。じゃがいも、にんじん、水100mlほどを加えてさらに10分ほど煮る。

5 … **2**のクスクスにオリーブオイル少々をかけ、泡立て器などでよく混ぜてほぐす。クッキングシートを敷いた蒸し器に入れ、15～20分ほど蒸す。

6 … **4**に**3**のひよこ豆、ズッキーニ、かぼちゃを入れて5分ほど煮る。塩で味をととのえる。

7 … **5**のクスクスはよく混ぜてほぐし（固まっていたらオリーブオイル少々をかける）、器に盛って**6**をかける。

材料 [4～5人分]

クスクス … 400g
鶏もも肉 … 300g

A
オリーブオイル … 大さじ3
にんにく … 1片
ローズマリー、オレガノ … 各適量
塩、こしょう … 各少々

玉ねぎ（小）… 2個
セロリ … 1本分
じゃがいも（小）… 3個
にんじん … 1本
ズッキーニ … 1本
ピーマン … 2個
かぼちゃ … 1/4個
にんにく … 2片
ひよこ豆の水煮（缶詰）… 200g
ホールトマト缶 … 300g
ハリッサ（なければ粉唐辛子）… 好みの量
赤唐辛子 … 1本
オリーブオイル … 適量
塩 … 適量

作り方のポイント
ハリッサはペースト状の辛口調味料。ネットで購入可能だが、粉唐辛子などで代用できる。

Tunisia, Chicken and vegetables couscous

Info
シェフ｜モンデールさん
お店｜ハンニバル
住所｜東京都新宿区百人町 1-19-2 大久保ユニオンビル 1F
TEL｜03-6304-0930
営業時間｜17:00-24:00 無休
地中海の美味しくてヘルシーな料理と、ワイン、水タバコ、ベリーダンスが楽しめる。

宮﨑

**お野菜の甘みが
出ているスープとも
よく合って
美味しかったです。**

宮﨑｜実は今まで「クスクス」をちゃんと食べたことがなかったんです。
シェフ｜パスタと同じデュラム小麦でできているので、「世界で一番小さいパスタ」と呼ばれているんですよ。
宮﨑｜一見お米に見えるけど、食べると確かに「パスタだな」って感じがしますね。お野菜の甘みが出ているスープともよく合って、美味しかったです。
シェフ｜チュニジアではパーティや来客があると必ず出すんです。家では母親がクスクスを粉から作るんですよ。

宮﨑｜すごい！ 手が込んでいますね。
シェフ｜チュニジア人にとって、料理とはおもてなし。だから、サラダを作る場合も、野菜を焼いて、皮をむいて、刻んで、丁寧に作るんです。
宮﨑｜時間をかけて丁寧に作ることが「おもてなし」ということですか？
シェフ｜そういう考えですね。
宮﨑｜クスクスを混ぜるときにオリーブオイルをすごくたくさん入れたのが印象的でした。
シェフ｜クスクスは固まりやすいので、オリーブオイルをかけながら時間をかけて混ぜると美味しくなります。チュニジアはオリーブの産地なので、とにかくオリーブオイルを使うんです。
宮﨑｜家でも挑戦してみます。
シェフ｜スープに使う野菜はなんでもいいですが、崩れてしまうと美味しくないので、芯を残したほうがいいですね。チュニジア料理はトマトがないと成り立たないと言われているので、トマトはぜひ入れてください。
宮﨑｜クスクスはちょっと未知な食べ物でしたが、出会えてよかったです！

シェフ

**パスタと同じデュラム小麦で
できているので「世界で一番小さい
パスタ」と呼ばれているんです。**

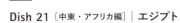

Dish 21 ［中東・アフリカ編］｜エジプト

ムサアー

ムサアーとは？
ナスとポテトと、トマトソースとベシャメルソースを
重ねて焼いた野菜のラザニア。エジプトの家庭料理。

作り方 ［所要時間｜約120分］

1 … なすは1cm厚さの輪切りにする。じゃがいもは5mm厚さの輪切りにする。ピーマン2個は縦半分に切り、5mm幅の細切りにする。残りのピーマン1個は薄い輪切りにする。玉ねぎは縦薄切りにする。

2 … 揚げ油を中温に熱し、なすを揚げる。表面に浮いてきたら上下を数回返す。全体に揚げ色がついたら、油をきる。じゃがいもも同様に揚げる。

3 … フライパンを中火で熱し、バターとオリーブオイルを入れ、玉ねぎを加えてじっくり炒める。あめ色になったら、1の細切りのピーマンを加えてさっと炒める。塩、こしょうをふる。

4 … トマトソースを作る。にんにくはみじん切りにする。鍋にバターとにんにくを入れて弱火で熱し、香りが立ったら、コリアンダーを加える。ビネガー、トマト缶を缶汁ごと入れて中火で熱する。煮立ったら、塩、こしょうを入れてさらに5分ほど煮る。クミンを入れて混ぜる。

5 … ベシャメルソースを作る。別のフライパンを中火で熱し、バターとオリーブオイルを入れる。油がふつふつしてきたら、薄力粉を入れて焦がさないように手早く混ぜ、水1ℓを少しずつ加えながら混ぜる。塩、こしょう、ブイヨンを入れて弱火にし、なめらかになるまで混ぜる。

6 … タジン鍋などの耐熱容器にベシャメルソースを入れて薄くのばし、トマトソースを重ねて薄くのばす。なすを並べて、じゃがいもを重ねる（容器の深さに余裕があれば、さらに同じようにベシャメルソース、トマトソース、なす、じゃがいもを順に重ねる）。

7 … オーブンを180℃に予熱する。3の玉ねぎとピーマンを広げてのせ、ベシャメルソースとトマトソースを順に重ねて薄くのばす。ピザ用チーズを全体に広げてのせ、輪切りのピーマンをのせる。

8 … オーブンに入れ、チーズが溶けて表面がこんがりするまで40〜50分焼く。

Egypt, Musa'ah

材料 ［4〜5人分］

米なす … 3個
じゃがいも … 5個
ピーマン … 3個
玉ねぎ … 1/2個
オリーブオイル … 大さじ10
バター … 50g
塩、こしょう … 各少々
ピザ用チーズ … 適量
揚げ油 … 適量

トマトソース
ホールトマト缶 … 150g
にんにく … 3片
コリアンダーシード … 小さじ1
クミンパウダー … 小さじ1
ビネガー … 大さじ2
バター … 50g
塩 … 小さじ2
こしょう … 小さじ1

ベシャメルソース
薄力粉 … 100g
バター … 50g
オリーブオイル … 大さじ4
ブイヨン、塩、こしょう … 各小さじ1

作り方のポイント
タジン鍋が小さいものしかない場合は、残りを大きな耐熱容器で焼くといい。

Info
シェフ｜アリーさん
お店｜ネフェルティティ東京
住所｜東京都港区西麻布3-1-20 Dear 西麻布1-2階
TEL｜03-6844-8208
営業時間｜11:30–15:00（予約のみ）
15:00–24:00（金・土 25:00まで）無休
アラビアンナイトを思わせるエキゾチックな雰囲気の中で本格的なエジプト・アラビア料理が食べられる。

宮﨑

ムサアーは
今日はじめて
食べましたが
すごく親しみ
やすい味ですね。

宮﨑｜3つのコンロを使って「なすとじゃがいもを揚げる」「トマトソース作り」「ベシャメルソース作り」を同時進行でやったのが、忙しくて楽しかったです。エジプトではどんなときに食べるお料理なんですか？
シェフ｜ムサアーはエジプトの家庭料理。僕の母もよく作ってくれました。
宮﨑｜私は今日はじめて食べましたが、すごく親しみやすい味で美味しかったです。
シェフ｜日本でもおなじみのトマトソースとベシャメルソースは、エジプト料理でもよく使われるんです。

宮﨑｜エジプトではなすやじゃがいももよく食べるんですか？
シェフ｜そうですね。なすはいろんな種類があって、黄色いなすもあるんですよ。
宮﨑｜黄色いなす！ 一度見てみたいです。家庭で作るときのコツはなにかありますか？
シェフ｜ベシャメルソースを作るときは、常にかき混ぜていないとかたくなってしまうので気をつけてください。
宮﨑｜家で作るときは、3つのコンロで同時進行ではなく、レシピに沿ってひとつずつじっくり作りたいと思います。少し手間がかかる分、出来上がったときの嬉しさはきっと格別ですね。
シェフ｜冷凍保存しておけるので、一度にたくさん作っても大丈夫ですよ。
宮﨑｜食べるときは、一人前を切り分けて温め直せばいいのですね。
シェフ｜パンだけでなく、ご飯にもよく合う料理なので、ぜひ試してみてください。

シェフ

日本でもおなじみのトマトソースと
ベシャメルソースは、エジプト料理でも
よく使われるんです。

Dish 22 ［中東・アフリカ編］｜エチオピア

ドロワット

ドロワットとは？
肉や野菜を「ベルベレ」という辛いスパイスで
煮込んで作るエチオピアの代表的な料理。

作り方 [所要時間｜約70分]

1 … 玉ねぎ、にんにく、しょうがを1cm大にカットし、それぞれをフードプロセッサーにかけてさらに細かくする。レモンを搾る。鶏肉にレモン汁、塩少々（分量外）をかけてもみこむ。

2 … 鍋にサラダ油大さじ1/2を入れて中火で熱し、玉ねぎを入れて炒める。水分がとんだら弱火にしてさらにしんなりするまで炒める。

3 … 2に残りのサラダ油を少しずつ加えて炒める。にんにく、しょうがを加えてよく炒める。さらにベルベレを入れてざっと炒めたら、水大さじ2を加えて焦がさないように混ぜながら炒める。

4 … 残りの水をすべて入れ、中火にして煮込む。1の鶏肉を水洗いする。

5 … 4が煮立ったら鶏肉を加える。焦げつかないよう混ぜながら、鶏肉がやわらかくなるまで30分ほど弱火で煮る。ゆで卵を加えてさらに10分ほど煮る。塩、こしょうで味をととのえる。

6 … 器に盛り、カッテージチーズをのせる。パンやご飯を添える（ここではエチオピアのパン、インジェラ）。

材料 [2人分]

鶏手羽元 … 6本
玉ねぎ … 3個
にんにく … 3片
しょうが … 1片
ゆで卵 … 2個
レモン … 1/2個
ベルベレ … 大さじ3〜4
塩 … 小さじ1
こしょう … 小さじ1/2
サラダ油 … 200ml
水 … 600ml
カッテージチーズ … 適量

作り方のポイント
ベルベレはチリやコリアンダー、クローブなどのスパイスを混ぜたもの。ネットで購入可。

Ethiopia, Doro wat

Info

シェフ｜ソロモンさん
お店｜クイーンシーバ エチオピアレストラン
住所｜東京都目黒区東山1-3-1 ネオアージュ中目黒 B1F
TEL｜03-3794-1801
営業時間｜17:00-23:00 無休

東京で一番最初にオープンしたエチオピア料理店。現地から輸入した食材を使った本場の味が楽しめる。

宮﨑
手づかみで食べるのも新鮮で楽しかったです。

宮﨑｜はじめてドロワットを食べましたが、口に入れた瞬間に甘さを感じるので、辛いものが苦手な人も食べられそうですね。インジェラ（スチームブレッド）と合って美味しかったです。
シェフ｜混ぜながらずっと様子を見ていないといけませんが、火を長くいれるほどなめらかで美味しくなりますよ。エチオピア料理は仕込みに時間がかかるものが多く、「我慢の料理」と言われています。
宮﨑｜じっくり作る料理が好きなので、楽しく作ることができそうです。他にエチオピア料理の特徴は？

シェフ｜料理を食べて、素材の味がわかったらアウトです。たとえばタイ料理だと、どんな材料を使っているかが目でも味でもわかりますよね。エチオピア料理は考え方が真逆なんです。
宮﨑｜面白いですね。「ベルベレ」というスパイスは家庭で作るんですか？
シェフ｜日本の味噌のように、エチオピアの家庭に絶対あります。手作りするので家によって味が違うんです。
宮﨑｜手づかみで食べるのも新鮮で楽しかったです。

シェフ｜フォークを使うと、食べ物と顔との距離が遠くなるでしょう？　エチオピア人は料理をみんなでシェアして食べます。手で食べたほうが料理との距離も人との距離も近づくんです。
宮﨑｜家庭で作るときのポイントは？
シェフ｜玉ねぎをなるべくたくさん炒めること。お肉を変えても美味しいし、パンやご飯にかけてもいいですよ。
宮﨑｜お友達を呼んで、みんなで囲んで食べたいと思います。

シェフ
エチオピア人は料理をみんなでシェアして食べるます。手で食べたほうが料理との距離も人との距離も近づくんです。

エチオピア｜ドロワット　105

Dish 23 ［中東・アフリカ編］｜ナイジェリア
豆シチューとイドド

豆シチューとイドドとは？
黒目豆を煮込んだスープに、プランテインを
揚げたスナックを添えたナイジェリアの家庭料理。

作り方 [所要時間｜約40分]

1 … 黒目豆は水洗いし、3倍ほどの量の水で中火で20分ほど煮る。指の腹で押しつぶせるくらいのかたさになったら水けをきる。

2 … 玉ねぎとにんにくは粗みじん切りにする。トマトは2cm角に切る。

3 … 別の鍋を中火で熱し、トマトを入れてさっと炒める。チリペッパー、洋風スープの素を崩しながら入れてさらにさっと炒める。水150mlを加えて混ぜ、蓋をして煮る。

4 … 煮立ったら1の豆、玉ねぎ、にんにく、パーム油を加えてさらに煮る。煮立ったら弱火にし、さらに10分ほど煮る。

5 … イドドを作る。プランテインは皮をむき、8mm厚さの斜め切りにして、塩をまぶす。揚げ油を中温（170〜180℃）に熱する。プランテインを入れ、ときどき返しながらきつね色になるまで4分ほど揚げて油をきる。

6 … 器に4を盛り、イドドをのせる。

材料 [2人分]

黒目豆 … 200g
玉ねぎ … 1/2個
にんにく … 2片
トマト（小）… 1個
洋風スープの素（固形）… 1個
チリペッパー … 小さじ1
パーム油 … 大さじ4

イドド
プランテイン … 1/2本
塩 … 適量
揚げ油 … 適量

作り方のポイント
プランテインが手に入らなければ、
バゲットやクラッカーなどを合わせてもよい。

Nigeria, Bean stew and idodo

Info

シェフ｜ラッキーさん
お店｜エソギエ
住所｜東京都新宿区新宿 3-11-2 村木ビル 3F
TEL｜03-3353-3334
営業時間｜18:00-24:00　月休（月が祝日の場合、翌日休）
家庭料理と本場のお酒が楽しめる、日本で唯一のナイジェリア料理店。気さくなオーナーによるジャンベ（太鼓）の演奏も。

宮﨑｜
ナイジェリアの料理は全体的に辛いんですか？

宮﨑｜私は今まで、豆料理を食べるのがあまり得意ではなかったんです。でも、今日教えていただいた豆のスープは食べれば食べるほど美味しくて！ スプーンが止まりません（笑）。

シェフ｜ナイジェリア人がよく食べる家庭料理なんですよ。ライス、パン、ヤムイモ、なんにでも合います。現地の味はもっと辛いですけど、チリペッパーの量は好みで調節すればいい。

宮﨑｜ナイジェリア料理は全体的に辛いんですか？

シェフ｜ピリ辛味が多いです。でも、インド料理やタイ料理の辛さとは違って、あとに残らない辛さです。

宮﨑｜他にはどんな特徴が？

シェフ｜アフリカで一番人口が多い国なので、魚も肉も芋も、なんでも食べます。煮込み料理が多いのも特徴です。

宮﨑｜イドドもはじめて食べました。

シェフ｜プランテインを揚げた料理のことをイドドというんですよ。

宮﨑｜まわりがカリッと揚がっていて、少しの甘みと塩加減が絶妙で、豆スープにぴったりですね。プランテインの見た目は大きなバナナみたいですが、普通のバナナを揚げてもダメなんですよね？

シェフ｜ダメダメ（笑）。バナナには酸味がないから。プランテインは上野のアメ横やネットで買えますよ。

宮﨑｜黒目豆が手に入らなかったら？

シェフ｜味は変わるけど、小豆でも大豆でも、どんな豆でも美味しいですよ。食感が大事なので、やわらかく煮込みすぎないようにすることだけ気をつけて。オイルも、サラダ油でOKです。

宮﨑｜いろんなアレンジができますね。

シェフ
ピリ辛味が多いです。でも、インド料理やタイ料理の辛さとは違って、あとに残らない辛さです。

ナイジェリア｜豆シチューとイドド

Dish 24 ［中東・アフリカ編］｜モロッコ
ケフタのタジン

ケフタのタジンとは？
北アフリカ地方発祥のタジン鍋を使って、
ケフタ（ミートボール）をトマトソースで煮込むモロッコ料理。

作り方 [所要時間｜約30分]

1 … トマトソースを作る。トマトは1cm角に切る。にんにくはみじん切りにする。

2 … タジン鍋にオリーブオイルとにんにくを入れて弱火で熱し、トマトを加える。パプリカパウダー、クミンパウダー、コリアンダーパウダー、塩、こしょうを加えて混ぜ、5分ほど煮る。

3 … ミートボールを作る。玉ねぎはみじん切りにする。ボウルにミートボールの材料を入れ、粘りが出るまでよく練り混ぜる。5〜6等分にして、直径3cmほどに丸くまとめる。

4 … **2**のタジン鍋にミートボールを並べる。蓋をして弱火で5分ほど煮る。

5 … 卵液を作る。別のボウルに卵を割り入れ、コリアンダーパウダー、塩、こしょうを加えて混ぜる。ピーマンと赤ピーマンは縦1cm幅に切る。

6 … **4**のタジン鍋に卵液を回し入れ、ピーマンと赤ピーマンをのせる。蓋をして弱火で2〜3分煮る。パセリを添える。

材料 [2人分]

ミートボール
牛ひき肉 … 150g
玉ねぎ … 1/8個
パプリカパウダー … 小さじ1/2
クミンパウダー … 小さじ1/3
コリアンダーパウダー … 小さじ1/2
塩、こしょう … 各ひとつまみ

トマトソース
トマト … 3個
にんにく … 1/2片
パプリカパウダー … 小さじ1/2
クミンパウダー … 小さじ1/3
コリアンダーパウダー … 小さじ1
オリーブオイル … 大さじ2
塩、こしょう … 各ひとつまみ

卵液
卵 … 2個
コリアンダーパウダー … 小さじ1/3
塩、こしょう … 各適量

ピーマン … 1/4個
赤ピーマン … 1/4個
パセリ … 適量

作り方のポイント
生のトマトの代わりに水煮缶を使ってもよい。
それぞれのスパイスの量は好みで加減して。

Morocco, Kefta Tagine

Info

シェフ｜リフキーさん
お店｜ル・マグレブ・シャンデリア

住所｜東京都港区西麻布1-12-5
TEL｜03-3478-1270
営業時間｜火〜金 11:30-15:00 17:30-23:30
土 11:30-24:00 日 11:30-23:00 月休

カサブランカ出身のオーナーシェフによる本場のモロッコ料理店。ベリーダンスショーや料理教室も定期的に開催。

宮﨑

**タジン鍋は
日本でも人気が
ありますが
どんな特長が
ありますか?**

宮﨑｜タジン鍋は日本でも人気がありますが、どんな特長がありますか?
シェフ｜熱伝導率がよく、無水で調理できるので、栄養を逃がさずに味も凝縮されます。今日作ったケフタのタジンは、特にスタンダードな料理です。
宮﨑｜卵にもトマトにもお肉にも、まずスパイスを混ぜてから調理するので、どんな味になるんだろうと思いましたが、優しい味で美味しかったです。
シェフ｜スパイスをたくさん使いますが、全然辛くないんですよ。素材の美味しさを活かした味なんです。

宮﨑｜モロッコでは、タジン鍋はどんなときに使うんですか?
シェフ｜毎日家庭で使います。ケフタの他にもチキン、ラム、豆、野菜……いろんな種類のタジンがあるので飽きないんです。テーブルの真ん中に大きなタジンを置いて、自分に近いところから、パンと一緒に手で食べます。
宮﨑｜外でも食べるんですか?
シェフ｜山のようにタジンが並んだ屋台がありますよ。いろんな具材が入ったタジンが並んでいて、ひ

とつずつ蓋を開けて、中身を見てどれを食べるか選ぶんです。モロッコはクスクスを食べるイメージがありますが、実は金曜日の午後にしか食べないんです。
宮﨑｜どうして金曜日の午後に?
シェフ｜金曜の午後は学校も会社も早く終わって、モスクでお祈りをするんです。そのあと、家で大きなクスクスのお皿を囲んで食べます。でも、それ以外の日は毎日タジン。
宮﨑｜料理をそのまま出せるのも素敵だし、タジン鍋が欲しくなりました!

シェフ

**熱伝導率がよく、無水で調理できるので、
栄養を逃さずに味も凝縮されます。
モロッコの家庭では毎日使います。**

モロッコ｜ケフタのタジン　　113

Dish 25 ［中東・アフリカ編］｜マダガスカル

エノキソア・プティポワ

エノキソア・プティポワとは？
豚肉とグリーンピースを煮込んだマダガスカル料理。
ご飯にかけて食べる。

作り方 [所要時間｜約40分]

1 … 豚肉は一口大に切って塩、こしょうをふる。玉ねぎは縦1cm幅に切る。にんにくは包丁の腹でつぶす。しょうがはみじん切りにする。

2 … 鍋にオリーブオイル大さじ2を入れて中火で熱し、豚肉を入れて揚げ焼きにする。表面に焼き色がついたらいったん取り出す。

3 … 同じ鍋で玉ねぎとにんにくを炒める。玉ねぎの色が変わったら豚肉を戻し入れ、白ワインを加えてさっと炒める。

4 … 水150mlを入れ、洋風スープの素、グリーンピースを凍ったまま加えて混ぜる。沸騰してきたら、しょうがとオリーブオイル大さじ1を加える。弱火にし、蓋をして10〜15分ほど煮る。

5 … 唐辛子ペーストを作る。唐辛子、にんにく、しょうがはみじん切りにして、混ぜ合わせる。4が出来上がったら、ご飯やサラダなど好みのものと一緒に器に盛りつけ、唐辛子ペーストを添える。

材料 [2人分]

豚肩ロースかたまり肉 … 200g
玉ねぎ … 1/2個
にんにく … 4片
しょうが … 1片
グリーンピース（冷凍）… 1カップ
洋風スープの素（チキン・顆粒）… 小さじ1/2
塩、こしょう … 各少々
白ワイン（なければ酒）… 大さじ3
オリーブオイル … 大さじ3

唐辛子ペースト

赤唐辛子 … 5〜6本
にんにく … 1片
しょうが … 1/2片

作り方のポイント
グリーンピースは生のものを使うと、より風味を感じられる。作り方は同じでよい。

Madagascar, Henan-kisoa sy Petit pois

Info

シェフ｜エリックさん
お店｜JAZZ HOUSE NARU
住所｜東京都千代田区神田駿河台2-1-B1F
TEL｜03-3291-2321
営業時間｜11:30–17:00 18:00–23:30 無休
夜はイタリアンが楽しめるジャズライブハウス。マダガスカル料理はランチで食べられる（月曜を除く）。

宮﨑

マダガスカルでは お米が主食 なんですか？

宮﨑｜マダガスカルではお米が主食なんですか？
シェフ｜実は日本人よりもたくさんお米を食べるんですよ。
宮﨑｜ええっ、日本人よりも!?
シェフ｜日本と同じ島国で、自然が多くて、田んぼもたくさんあります。食べ物も似ていて小松菜も桜えびもある。日本人の口に合う料理が多いです。
宮﨑｜今日教えていただいたお料理も、材料がスーパーで手に入るものばかりなので、家庭で作りやすいですね。友達に「マダガスカル料理だよ」って出したら、ビックリしてもらえそう。
シェフ｜もともとマダガスカルはフランス領だったから、フランス人もいっぱいいますし、アフリカ大陸に近い国ですが、マレー系やアフリカ系などいろんな民族が混ざっていて、食べ物はマレー系のものが多いんです。
宮﨑｜そうなんですね。味付けもシンプルだったし、さっぱりしていて美味しかったです。唐辛子ペーストをつけると、さらに味が変わりますね。
シェフ｜唐辛子としょうがとにんにくを生のまま混ぜれば簡単に作れますよ。マダガスカルでは日本の醤油と同じ感覚で何にでもかけます。
宮﨑｜しょうがもよく使うんですか？
シェフ｜使います。煮込みに入れたり、肉団子の中に入れたり。サモサの中に、万能ねぎとにんにくと一緒に入れたりもします。
宮﨑｜料理の工程がシンプルだからこそ、途中でお肉を揚げ焼きにしたり、しょうがは最後に入れたり、ちょっとした一手間がすごく大事ですね。

シェフ

実は日本人よりも たくさんお米を食べるんです。 自然が多くて田んぼもたくさんあります。 日本人の口に合う料理が多いです。

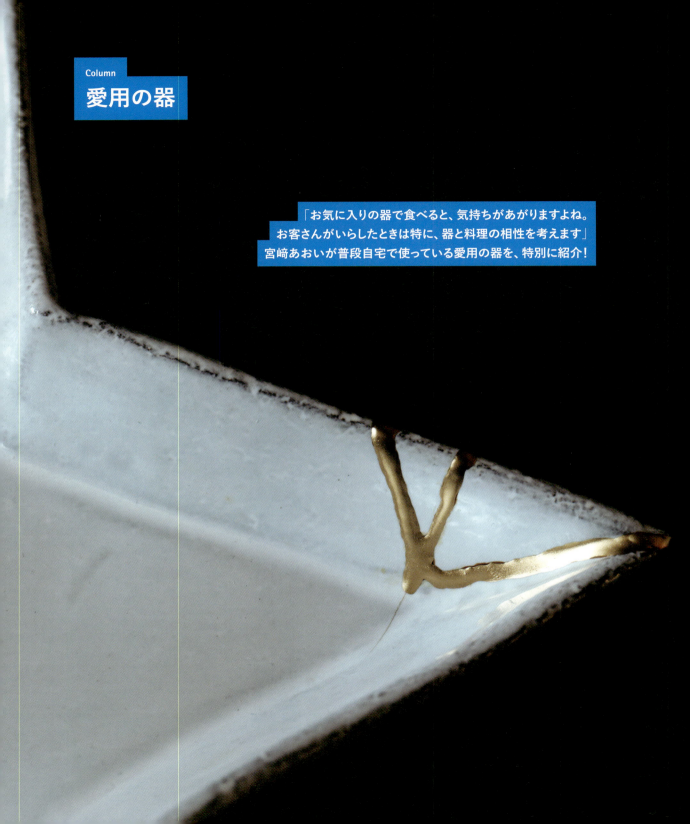

Column
愛用の器

「お気に入りの器で食べると、気持ちがあがりますよね。お客さんがいらしたときは特に、器と料理の相性を考えます」宮﨑あおいが普段自宅で使っている愛用の器を、特別に紹介!

金継ぎした器

01

器が割れてしまったら、自分で金継ぎしています。だから、いくらお気に入りの器でも、大切に保管しておくのではなく、ガシガシ使っています。使わないと意味がないと思っているし、もし割れてしまっても、直せばいい。器の割れたところに粘土をつけて、漆を塗って、漆が乾く前に、金の粉を塗る。金が剥れてきちゃったら、また金を塗り直すんです。金継ぎして自分の手を加えると、その器が余計に好きになります。

自分で金継ぎをやるようになったのは、5年ぐらい前から。先生に一通りの工程を教えていただいたあと、道具を一式揃えました。私が使うのは金だけですが、銀とか、赤っぽい色もあります。

このギザギザのお皿は、お客さんがたくさん集まったときに、ピンチョスみたいな小さい料理をいっぱいのせて出したりして使っています。

→ はじめて金継ぎした器です。知り合いのスタイリストさんにいただいて、気に入って使っていたのに欠けてしまって。「これをどうにかしたい」と思って金継ぎを習いに行きました。「割れても自分で直せばいいんだ」と思うきっかけになった器です。

→ パカッと2つに割れてしまったので、金継ぎしました。もともとあった模様のように見えて面白い。

a

 いただきものの器

02

なかなか自分では手に取らない器に出会えるので、いただきものの器はすごく好きです。

a は、いただいたときに「なんだこれ？ 面白い！」と思って。だって、絵柄がふざけすぎてるじゃないですか。「羊がお店のウィンドウに飾ってあるウールのセーターを見ている」とか、そのセンスがたまらなく好きで。お店に行って自分でも買い足しました。丈夫で全然割れないところもいいんです。

b は、自分が好きなブルー系のお皿に絵が描いてあって素敵だと思いました。*c* は備前焼のお茶碗です。独特な作り方をしているみたいで、頑丈だし、ご飯の余計な水分を吸ってくれるんです。最近はご飯を山盛りによそって食べています。*d* の魚の形のお皿は、まさに自分が普段行くお店ではなかなか出会えない雰囲気のものだから面白い。*e* のガラスの器では、おそうめんをいただきます。ガラスの器は涼しげで大好きなので、自分でも集めています。

作家さんの器
03

丁寧に作られた陶芸作家さんの器を集めています。どれも一目惚れして、自分で買い足していったものばかり。

a はミッドタウンのセレクトショップで出会った田中信彦さんのお皿。色味が美しくて大好きなので、もっと増やしたいと思っています。

b はクリスチャンヌ・ペロションさんのお皿。淡い色味がとてもきれいです。あまりに繊細な色味なので、料理の色が移ってしまいそうで、薄い色味の料理をのせて使っています。

c は須藤拓也さんのお皿。SNSで写真を見て気になっていたら、東京で個展をやることを知って、初日に買いに行きました。母に「かわいかったよ」と伝えると「買いに行く」と言うので、私も同行。2日間通ってしまいました。

Afterword　おわりに

宮﨑あおい

『世界をいただきます』を手に取ってくださり、ありがとうございます。
私はもともと料理が得意ではありませんでしたが、料理が向いていなかったのではなく、料理の楽しさを知らなかっただけなのだと思います。「いっぱい失敗していい」という気持ちで作るうちに、だんだん緊張せずに料理ができるようになりました。失敗を恐れずに、楽しく作る。それが一番大事なのだと思います。
この本では、いろんな国のシェフ＝料理の職人さんにレシピを教えていただきました。私の料理の腕前があがったかどうかはわかりませんが、「学ぶって楽しい」「料理って楽しい」と改めて感じました。料理が得意な方もいれば、これから料理に挑戦してみようと思っている方もいると思いますが、「料理は楽しいものだ」と思えるきっかけになったら、とても嬉しいです。

● 本書は、雑誌『SWITCH』連載の「宮﨑あおい 世界をいただきます」
（2013年12月号〜2018年4月号）を再構成したものです。

宮﨑あおい
世界をいただきます
［ヨーロッパ・中東・アフリカ編］

2019年2月22日　第1刷発行

写真｜加藤新作
スタイリング（エプロン）｜藤井牧子
ヘアメイク｜高橋彩
テキスト｜上田智子
テキスト（レシピ）｜晴山香織
デザイン｜纐纈友洋
協力｜小山理子、鶴谷亜希（ヒラタインターナショナル）

発行者｜新井敏記
発行所｜株式会社スイッチ・パブリッシング
〒106-0031 東京都港区西麻布2-21-28
電話 03-5485-2100（代表）
www.switch-pub.co.jp

印刷・製本｜株式会社シナノ パブリッシング プレス

落丁・乱丁本はお取り替えいたします。
本書の無断複製・複写・転載を禁じます。
本書へのご感想は、info@switch-pub.co.jp にお寄せください。

ISBN978-4-88418-463-6 C0077
Printed in Japan
©Miyazaki Aoi, 2019　©Switch Publishing Inc., 2019